모든 삶은 빛난다

허무하고 막막한 시대, 두 철학자가 건네는 인생의 지혜

모든 삶은 빛난다

Prendila Con Filosofia

안드레아 콜라메디치 · 마우라 간치타노 지음 | 최보민 옮김

시프

일러두기

- 본문의 각주는 옮긴이주다.
- 외국 인명과 기관명, 독음 등은 외래어표기법을 따르되 국내에 이미 널리 통용되는 표현이 있는 경우 그에 따랐다.
- 책 제목은《 》(겹화살괄호), 개별 문학작품이나 잡지, 영화, TV 프로그램명은〈 〉(홑화살괄호)로 묶었다.
- 책은 국내에 출간된 경우 국내 제목으로, 출간되지 않은 경우에는 해외 제목을 번역해 싣고 영문 서명을 병기했다. 다른 매체도 같은 규칙을 적용했다.

철학은 단순히 체계를 쌓아 올리는 게 아니라
자신과 주변을 순진하게 바라보고자 하는 완전한 결단이다.
—앙리 베르그송

축제를 하려면 제대로 하라.
—G.I. 구르지예프

차례

목적

인생이라는 경이로운 여정을 걷고 있는 당신에게

이 책을 펼치기까지 먼 길을 오셨네요. 어쩌면 조금 지쳐 있는 상태일지도 모르겠습니다. 인생의 문제는 말이죠, 끝났다고 생각할 때 그제야 비로소 시작된다는 점입니다. 그 반대도 성립합니다. 하지만 당신은 아직 이 진실을 알지 못할 테니, 진실에 한 걸음 더 다가가기 위해서는 이 책의 페이지를 여러 번 뒤적여야 할 겁니다.

여러 명상적 내용을 다룬 전설에서 자주 다뤄지는 이야기가 있습니다. 진귀한 보물이 있다는 걸 알게 된 사람이 그 보물을 찾으러 수십 년간 세계를 돌아다니는 이야기입니다. 마지막에 그는 집으로 돌아와 보물은 사실 언제나 자신의 정원에 있었다는 걸 깨닫습니다. 그렇다면 그 모든 여행은 아무런 의미가 없었던 것일까요?

그렇지 않습니다. 집에서 가능한 한 가장 멀리 떨어진 곳으로 떠난 것은 어쩌면 집에 숨겨진 보물을 찾기 위한 유일한 방법이었는지 모릅니다. 그 모든 시간 동안 방랑하지 않았다면, 그는 자신의 정원에 보물이 있다는 걸 미처 생각해내지 못했을 것입니다.

페르시아의 신비주의 수피파 시인 파리드 알딘 아타르Farīd al-Dīn ʻAṭṭār의 시 〈새들의 회의〉에는 이 이야기와 비슷한 내용이 담겨 있습니다. 세상의 모든 새들이 신화에 나오는 새들의 왕 시무르그를 찾으러 길을 떠나는데, 긴 여정 끝에 서른 마리의 새들이 시무르그 앞에 도착합니다. "몸집이 작은 서른 마리 새들은 깃털이 빠져 날개가 허술해지고, 지치고 병이 든 상태였습니다. 심장은 부서졌고 다리와 영혼은 망가졌지만 새들은 지성의 한계를 넘어선 곳의 어떤 형언할 수 없는 존재를 느끼고 있었습니다. (…) 새들은 시무르그의 얼굴을 물끄러미 바라보았습니다. 좀 더 주의 깊게 관찰하니 서른 마리의 새들이 다름 아닌 시무르그였으며, 시무르그가 곧 그 서른 마리의 새임을 알 수 있었습니다. 새들은 모두 깜짝 놀라 얼이 빠졌는데, 뭐가 어떻게 된 건지를 이해하지 못했습니다."

중국 송나라 시대부터 전해 내려오는 열 폭의 그림 십우도十牛圖에도 비슷한 이야기가 등장합니다. 십우도에는 소 한 마리를 찾아 나서는 목동의 모습이 묘사되어 있는데, 소를 찾은 후에 목동은 어렵게 소를 길들여 집으로 데려가지만 마지막엔 애써 찾은 소가 온데간데없고, 그 다음엔 목동마저 화폭에서 사라집니다. 어느 날 대안이라는 스님이 백장 선사를 찾아가 불교가 무엇이냐고 묻자, 백장이 대답합니다. "소를 타고 있으면서 소를 찾는 것과 같다."

이 책의 목적은 당신이 타고 있는 소, 즉 이 세상의 번뇌가 얼마나 색色으로 가득한지, 또한 그걸 알기 위해 당신의 모든 에너지를 쓰는 것이 얼마나 가치 있는지를 보여주는 것입니다. 당신이 이미 그 소라는, 즉 색으로 가득한 번뇌하는 존재라는 걸 잊지 않은 채 말입니다. 그리고 당신은 철학의 실천을 통해 그것을 알아차릴 수 있습니다.

철학의 목적은 머물기 위한 '집'이 아니라 길을 건너기 위한 '다리'가 되는 것임을 잊지 맙시다. 프랑스의 사상가 시몬 베유Simone Weil는 다음과 같이 말했습니다. "우리는 고대 그리스인들로부터 다리를 물려받았지만 그 사용

법을 모릅니다. 우리는 그게 집을 짓기 위해 만들어졌다고 믿어왔습니다. 그래서 고층빌딩을 세웠고 계속해서 층을 쌓아가고 있습니다. 사실 우리가 물려받은 건 길을, 벼랑을 건너가기 위해 만든 다리라는 걸 까맣게 모른 채로요. 그 다리를 통해 신에게로 갈 수 있다는 것도 말이죠."

잘 건너가시길 바랍니다.
멈추지 마시고요.

서문

누구나 자기만의 꽃봉오리를 피운다

우리는 성과에 대한 끊임없는 불안 속에서 살아갑니다. 언제나 즉각적으로 반응해야 하고, 잘 해낼 준비가 되어 있어야 하며, 냉정한 평가 아래 놓여 있다고 느낍니다(그리고 실제로도 그렇습니다). 가능한 한 더 많은 일을 해내려 애쓰며 하루하루를 숨 가쁘게 살아갑니다. 밤에 잠자리에 들었을 때 죄책감을 느끼지 않기를 바라며 말이죠. 하지만 우리는 행복하지 않습니다. 나답게 살아가고 있다고 느끼지 못하고 딱히 대안도 없죠. 우리를 꽃피게 하는, 내면 깊은 곳으로부터의 요청을 따르고 있다고 느끼지 못하는 것입니다.

이 악순환을 끊고 스스로의 존재를 정말로 변화시킬 방법이 있을까요?

있습니다, 있고 말고요. 그리고 그건 오늘날 사람들이 구체적인 삶과 동떨어져 아무 쓸모없다고 치부하는 것에서 나옵니다. 바로 철학이죠.

흔히들 철학은 알든 모르든 달라질 게 없다고 생각합니다. 하지만 그렇지 않습니다. 태초부터 철학은 피에르 아도Pierre Hadot가 쓴 것처럼 삶의 기술 또는 존재의 기술이었습니다. 그리고 그건 이론적이었을 뿐 아니라 더없이 실천적이었습니다. 철학은 일상 속에서의 연습과 실천을 다루었고 그것들이 함께 자기 돌봄을 구성했습니다. 그리스인들이 자기 배려epimeleia heautou라고 부른 것이었죠.

이 책은 우리가 살아가는 동안 가장 자주 떠올리는 물음, '어떻게 하면 내 존재를 꽃피울 수 있을까'에 대한 대답입니다.

사실 몇 년 전부터 우리는 사람을 조화롭게 성장하도록 하는 고대 철학의 본질인 꽃피움, 즉 개화에 관해 이야기를 해왔습니다. 우리의 소셜 네트워크 페이지이자 철학 프로젝트의 이름이기도 한 '틀론Tlon'과 각종 세미나와 강연, 책에서 이 얘기를 해왔지만, 제대로 된 개인적 개화 안내서는 아직 만들어내지 못했었죠.

철학은 단지 이론에 그치지 않고 자기 자신과 세상을 이해하고 삶을 바라보는 관점을 바꾸는, 변화를 일으키는 실천으로서 탄생합니다. 이것이 고대 철학의 가르침이죠. 그리고 이 책의 기본 개념이기도 합니다. 여기에는 간단하지만 아주 강력한 도구를 만들어낼 힘이 있으며, 그 힘을 우리 시대에 맞게 재고하고 바꾼다면 지금도 효과를 발휘합니다.

위험한 동시에 가능성으로 가득한 세상 속에서 자기 안의 씨앗을 틔워 꽃을 피워내기 위해서는 제대로 된 지침이 필요합니다. 하나의 봉오리가 터져서 마침내 집단적 개화로 이어질 수 있도록, 당신 안에 깃든 것이 바깥을 향해서도 작은 변화를 만들어내도록, 당신이라는 한 개인의 앞길에 놓인 과제를 해결하는 일이 조금이나마 타인을 위한 기여가 되도록 하기 위해서 말입니다.

사실 자신의 여정에 전념하는 사람은 남을 잊고, 남을 위해 아주 헌신하는 사람은 자신을 잊어버리는 경우가 많습니다. 그러나 우리가 지금부터 이야기할 개화의 여정은 '나'와 '타자'를 연결하는 다리입니다. 당신의 삶 속에 지속적이고 유익한 내적·외적 대화가 함께하도록 하는 것이지요.

무엇이든 뜻대로 통제할 수 있다는 망상을 버리고

자기 돌봄의 가치를 발견하는 것, 힘이 부쳐서 숨을 헐떡이거나 아예 포기하고 늘어져버리는 일 없이 당신이 지탱해낼 수 있는 것을 선택하는 것입니다. 다르게 말하면, 균형 그리고 절제의 미덕을 찾는 것입니다.

완벽하게 일을 해내야 한다는 불안에서 벗어나 부끄러움이나 자기 검열에 휩쓸리지 않고 자신의 소망과 속도, 성향에 따라 행동하는 것, 경이에 찬 눈으로 삶을 바라보고 항상 스스로의 소명에 귀를 기울이려 노력하는 것, 우리가 함께 걷는 개화의 여정은 그런 길입니다.

이 책에서 우리는 철학이 당신의 삶에서 스스로를 일깨우는 자기 코칭의 수단이 되도록 이론적 시나리오와 실천적 도구를 모두 제공하고자 합니다.

그래서 우리는 몇 가지 다른 읽기 경로를 고안해냈습니다. 이 책은 처음부터 끝까지 일반적인 책처럼 읽을 수도 있고, 각 장의 끝에 있는 퀘스트를 수행하면서 책의 다른 지점으로 이동해 당신만의 길을 찾아나갈 수도 있습니다. 일종의 게임북의 한 형태로, 당신의 적극적인 참여가 필요한 형식입니다. 어느 경로를 선택하든 당신은 철학과 동행할 수 있을 것입니다.

일부 경로는 매우 짧아 몇 개의 장만으로 끝날 것이고, 다른 경로는 여러 장을 거쳐 갈 것이며, 오직 한 경로만이 책의 본문 전체를 모두 거칠 것입니다. 하지만 이 책을 읽는 데 다른 것들보다 더 나은 방식이 있는 것은 아니라는 것을 기억하세요.

중요한 것은 진지하게 임하는 것입니다. 게다가 당신이 중간에 경로를 바꿔 다시 읽는다고 해도 아무도 뭐라고 하지 않습니다. 이 책은 다시 읽을 때마다 다른 책이 될 것입니다. 같은 강물에 두 번 발을 담그지 않는다고 헤라클레이토스가 말했죠. 강은 언제나 흐르므로 늘 새롭고 물은 항상 다를 뿐 아니라, 우리 자신도 매 순간 변하기 때문입니다. 각각의 만남은 언제나 새로운 책이라는 강과 새로운 당신 사이의 교류입니다.

다시 한번, 여행을 즐기시길 바랍니다.

1장

두려워해야 할 것은 '갇힌' 생각이다

알아차리기

우리는 당신의 신뢰가 필요합니다. 의심을 품고 이 책을 집어 들었을 수도 있기에 얘기하는 것입니다. 오랫동안 쌓인, 적의로 가득한 세상의 무게와 부정적인 경험들은 당신이 긴장을 완전히 풀지 못하도록 만듭니다. 어쩌면 오늘의 당신은 예전보다 좀 더 냉소적인 사람이 되었는지도 모릅니다. 당신은 이것이 썩 마음에 들지 않지만, 태도를 바꿔내지는 못합니다.

돌려 말하지 않겠습니다. 관점을 바꾸기 위해서는 적어도 조금은 믿고 스스로를 내맡겨야 합니다. 우리는 당신에게 연습 과제를 제공하겠지만 당신이 그것을 어떻게 실천하는지에 관해서는 어떤 통제도 할 수 없어요. 실천을 하는지 마는지조차도 모를 테니까요. 전적으로 당신에게 달린 일이죠.

아는 것이 곧 한계다

아주 간단한 연습부터 시작해봅시다. 바로 알아차리기입니다. 책을 읽고 있다는 것을 알아차려보세요. 하얀 종이 위에 가로줄로 정렬된 검은 기호들에 지금 눈길을 주고 있다는 것을 자각하는 것입니다. 어떤 일이 일어나고 있는지를 자각해보세요. 책을 읽는 것은 사소한 활동이 아님에도 우리는 항상 그것을 대수롭지 않게 여깁니다. 책 읽기는 자동조종장치로 실현되는 불가사의한 행위입니다. 읽는다는 것은 해독하는 걸 의미하지요. 우리가 집단적으로 의미를 부여한 상징 체계인 문자 기호를 매번 해독하는 것입니다.

우리는 그 사실을 거의 알아차리지 못합니다. 숨을 쉬고 있다는 것도, 심장이 뛰고 있다는 것도 알아차리지 못하죠. 미지의 세계인 무한한 우주 속에서 수많은 항성 중 하나인 태양 주위를 끊임없이 도는 아주 작은 행성에 우리가 던져졌다는 것을 알아차리지 못하는 것처럼 말입니다.

우리는 왜 알아차리지 못하는 걸까요? 그게 편하고 익숙하며, 한편으로는 두렵기 때문입니다. 무언가를 끊임없이 자각한다면 평범한 삶을 살 수 없게 될지 모릅니다. 충격에 휩싸일 바에야 이런 삶의 공포는 옆으로 제쳐두고 주의를 기울이지 않는 법을 터득하는 게 낫다는 걸 배웠기 때문입니다. 하지만 우리가 어른이 되면서 익숙해진 이런 억압은 두려움만을 제거하는 게 아니라, 놀라움도 함께 앗아갑니다. 더욱이 그 둘은 아주 다른 것도 아니지요.

플라톤은《테아이테토스》에서 철학은 놀라움으로 가득 차 있으며, 철학의 시작에는 바로 경이로움이 있다고 썼습니다. 고대 그리스어로 경이thauma는 놀라움과 공포의 의미를 함께 지닌 것이었습니다. 요점은 우리가 경이로워하는 무언가가 좋은 것이냐 나쁜 것이냐가 아니라, 우리가 지닌 성향과 태도가 어떠한가였습니다. 그런데 오늘날 우리는 우리를 두렵게 하는 것을 경험하게 될지도 모른다는 노파심 때문에 우리에게 감동을 주고 새로운 이해의 길을 열어주는 미지의 것에 마음을 닫곤 하지요. 이 책을 읽고 있는 당신처럼 철학을 가까이 하고 싶거나 삶에서 좋은 결실을 맺고자 희망하며 철학을 그 도구로 삼고 싶은 사람이라면 자신의 관점을 전환시킬 무언가를 발견하고 싶은 마음이 분명 들 것입니다.

당신이 생각하는 자신, 당신이 아는 것, 또는 안다고 생각하는 것, 당신이 세운 세계관만으로 충분하다는 자신감, 그런 것들이 곧 당신의 한계입니다. 만약 당신이 철학적 삶을 이끌고 싶다면 말입니다. 철학적 삶은 결코 완벽한 삶은 아니지만 성찰, 멈춤과 나아감, 미지의 이행지대로 가득 찬 풍요로운 삶입니다. 삶으로 가득한 삶 말입니다.

그러니 믿으세요. 항상 의심과 경계심을 품고 확실한 것만 좇도록 강요하는 세상에서 신뢰는 당신에게 놀라운 경험을 안겨줄 것입니다. 물론 의심을 내려놓는 것이 익숙하지 않아 힘이 들 테지만요. 어린아이들을 떠올려보세요. 아이들은 쉽게 믿으면 안 되는 상황에서조차 마음을 열고, 그렇게 항상 모든 것에 경탄하지 않습니까.

관성 밖의 것을 보려면

주의 기울이기는 개화의 가장 첫 단계입니다. 이는 어떤 대상에 집중해 그 대상이 세상이라는 일차원적 배경으로부터 떨어져 나오는 걸 경험하고, 모든 것을 같은 수준에 놓고 사고하는 평면적 관점의 오류에서 벗어나, 아침을 먹다가 나온 딸꾹질처럼 일상 속에서의 지극히 평범하고 당연한 행동에 관심을 기울이는 일입니다. 왜냐하면 곧 배우게 되겠지만, 어떤 것도, 그 누구도 평범하지 않기 때문입니다. 정신분석학자 자크 라캉Jacques Lacan은 "평범한 사람은 본질적으로 자기 내면의 목소리 대부분을 진지하게 받아들이지 않는 입장을 취하는 이"라고 썼습니다. 앞서 본 것과 같이, 지금 당신이 해내는 읽기라는 행위 역시 평범한 것이 아닙니다.

어쩌면 당신은 깨닫고 있는지도 모릅니다. 읽기는 종종 읽어주는 내면의 목소리에 귀 기울이기를 의미한다는 것을 말입니다(사실 속독 훈련을 하는 사람은 첫 번째 목표로 그 목소리를 끄는 법을 배워야만 합니다). 보통 당신과 함께하는 것은 당신의 목소리지만, 때로는 다른 사람의 목소리일 수도 있습니다. 예를 들면 친구가 쓴 글을 마음속으로 그의 목소리를 통해 읽어본 적이 있을 것입니다. 이건 연습을 하면 선택할 수 있습니다. 넷플릭스에서 영화를 어떤 언어 자막으로 볼지 고르는 것과 비슷한 것이지요. 같은 방식으로, 당신이 책을 읽는 동안 당신에게 책을 읽어주는 목소리를 바꾸거나 멈출 수 있습니다. 예를 들어, 어떤 문장을 당신의 할머니가 말하는 것처럼 읽어보는 겁니다. 어떤가요, 효과가 있나요? 소름이 돋나요, 아니면 별 감흥이 없나요?

이제 당신이 좋아하는 유명한 사람의 목소리로 시도해보세요(말하자면 배우 니노 프라시카Nino Frassica나 뮤지션 카르멘 콘솔리Carmen Consoli 같은 사람들 말입니다). 여기서 보이듯, 아니, 들리듯 읽기는 결코 읽는 행위에 그치지 않습니다. 가끔은 노래와 조금 비슷할 때도 있는데, 상상력 훈련이라는 점만은 언제나 똑같습니다.

어른들이 이런 연습을 매일같이 한다는 것은 어려운 일입니다. 바보같이 느껴지기 때문입니다. 하지만 stupid(바보)라는 단어는 '놀람'을 뜻하는 라틴어 stupeo에서 나온 것입니다. 바보란 놀라는 사람인 거죠. 아무도 우리를 보고 평가하지 않는데도 스스로 남들 눈에 바보같이 보일까 봐 두려워하는 것은 놀랄 기회를 놓치는 것입니다.

놀 기회를 놓치는 것이기도 합니다. 철학은 의외로 놀이 및 체험과 많은 연관이 있기 때문입니다. 그러니까, 철학은 흔하지 않은 아주 획기적인 경험을 찾아 나서지 않고도 일상생활에서 일어나는 평범한 일을 새로운 관점으로 바라보고 풍요롭게 하는 일입니다. 그 자체로 이미 무한한 이 삶을 더욱 강렬하게 느끼고자 하는 것입니다.

철학을 놀이처럼

철학적 놀이는 바로 당신 앞에 있는 물건을 가지고 시작할 수도 있습니다.

어떤 책들은 정말로 특별해서가 아니라 우리가 그 책을 읽는 방식이나 그 책을 읽으며 하는 행동 때문에 우리의 삶을 바꾸곤 합니다. 일종의 관계인 것입니다. 자, 책장을 덮은 다음 아무 페이지나 다시 펼쳐보세요. 그다음 손가락으로 가리켜 그 페이지에 적힌 글을 읽어보세요. 오직 당신의 의지대로 해야 합니다. 누군가가 당신을 통제하거나 개입하게 해서는 안 됩니다. 그러고는 다시, 손가락으로 짚은 문장 끝에서 책을 덮고, 지금 당신 스스로에게 묻고 싶은 중요한 질문을 하나 생각해낸 다음, 무작위로 책을 펼쳐 손가락으로 한 문장을 가리키는 겁니다. 그런 후 바로 아래 줄에서 다시 만납시다.

자, 다시 만났네요. 책을 덮고 아무 페이지나 펼쳐 문장을 손가락으로 짚는 대신 그냥 이 줄로 계속 읽어나갔다고 해도 당신에게 뭐라고 하는 사람은 아무도 없지요. 만약 해보지 않았다면 용기를 내어 지금 해보세요! 이건 책 점Bibliomancy이라고 하는데, 우리가 만들어낸 것이 아니라 문장 하나를 제비뽑듯 뽑고 그걸 신탁처럼 삶에 관한 질문에 비추어 해석하는 고대의 기술인 문장 점stichomancy의 한 형태입니다. 책이 등장하기 전에는 토기 병에 문장 몇 개를 넣어놓고 점술가가 무작위로 뽑아 점괘를 들려줬습니다.

고대 그리스에서는 호메로스와 헤시오도스, 헤라클레이토스의 글들이 사용되었으며, 로마인들은 위대한 시인 베르길리우스의 시구절을 목록에 추가했습니다. 그리고 시간이 흐르면서 성서가 문장 점에 사용되기 시작했습니다. 신학자 히포의 아우구스티누스도 성서를 열렬히 사용한 사람이었습니다. 진정한 성서 점술가였지요.

책 점을 치는 건 매우 간단합니다. 책 한 권과 편안한 마음 상태, 약간의 믿음만 있으면 충분합니다. 책 점 자체에는 복잡한 것이 전혀 없습니다. 책을 찾아보는 이는 질문을 명확히 정하고(반드시 말로 해야 하는 것은 아닙니다) 앞에 둔 책에서 임의의 페이지를 엿보지 않고 펼쳐야 합니다. 그런 다음 눈에 들어오는 첫 번째 문장을 읽기 시작해야 합니다. 그게 바로 답변이 되는 것입니다. 당연히 무의식적으로라도 눈을 속이려는 시도를 하지 않는 것이 중요합니다. 예를 들면 내용을 외우고 있는 책이나 읽을 내용을 암시할 수 있는 특정한 표시(접히거나 찢어진 페이지, 또는 책갈피)가 있는 책은 사용하지 마세요. 또한 임의로 책을 선택해서도 안 됩니다. 어느 정도 신성한 책을 선택해야 하는데, 그것이 종교적으로 신성해야 한다는 의미는 아닙니다. 읽는 당신이 보기에 다른 모든 책과 구별되는, 말 그대로 특별한 가치가 있는 책이어야 합니다(어쩌면 그걸 읽은 적이 없다고 해도 말입니다). 그 책이 당신에게 귀띔을 해줄 수 있다는 느낌, 당신의 어두운 부분을 밝혀줄 수 있다는 느낌이 들어야 합니다.

책 점이 더 잘 되는 책들(보통 고전 문학)이 있고 잘 되지 않는 책들이 있습니다. 어쨌든 이건 그저 놀이입니다. 진실이 아닐뿐더러 그렇게 되기를 바라지도 않습니다. 목적은 경이라는 상태를 어떻게 만드는지 배우는 것이기 때문입니다.

신호에 귀 기울이기

인간이 놀이를 대하는 관점에는 두 가지 문제가 있는 것 같습니다. 하나는 놀이를 우스꽝스럽다고 여기는 것입니다. 어른이 아니라 어린아이를 위한 것이라고 생각하는 것이죠! 그래서 놀이를 할 기회를 피하는 이들이 있는 한편, 놀이에서 생기는 모든 것, 그러니까 놀이의 결과로 나타나는 모든 신호를 무조건 믿어서 문제인 이들도 있습니다.

노는 것이 너무 두려운 나머지 잠시도 쉬지 않고 앞만 보며 사는 사람들이 있습니다. 그들은 세상이 자신에게 단서를 줄까 봐 두려워합니다. 다름 아닌 스스로의 삶을 통제할 수 없다는 것을 깨닫는 단서 말입니다. 찰스 디킨스Charles Dickens의 《크리스마스 캐럴》이나 영화 〈사랑의 블랙홀Groundhog Day〉 또는 〈34번가의 기적〉을 생각해보세요. 반면 어떤 사람들은 마치 세상이 익명인 그들의 필멸의 삶에 언제나 관심이 있기라도 하듯 어디에서나 신호를 찾아냅니다.

두 경우 모두 독단적인 태도의 예시이며, 가장 좋은 방법은 답변이 언제나 진실인 것처럼 가정하는 놀이를 하는 것입니다. 그 놀이가 마치 우리의 사회적 역할, 즉 우리가 스스로에 대해 만든 건조하고 견고한 이미지에서 벗어나는 데에, 또한 세상을 완전히 다른 어떤 것으로 보는 데에 도움이 되는 사고방식의 연습인 것처럼 행동하는 것입니다. 앞으로 보게 될 것처럼, 그것은 축제의 철학인 것입니다.

더 깊이 파고들어볼까요. 사실 인간은 일상 속의 작은 선택과 인생의 중대한 결정에 도움이 될 만한 신호 또는 징후를 항상 탐색해왔습니다. 우리는 바람의 소리에 귀 기울였고 책과 별, 종이, 풀줄기, 동전에 질문을 했으며 우리의 영감을 일깨워줄 이미지나 감각, 직관을 기다리며 명상에 잠기곤 했습니다. 단식을 하고 뜨거운 숯불에 몸을 데게 했으며 '나는 지금 도대체 무엇을 하고 있는가?'라는 아주 오래된 질문에 대한 지표를 얻기 위해 목숨을 걸었습니다.

질문이 길을 만든다

고대의 가장 중요한 신탁 중 하나는 '책'이라고 단언할 수 있습니다. 특정한 책이 아니라 우주 전체의 프랙털인 책 그 자체를 말하는 것입니다. 책에 질문하고 답을 구하는 기술은 고대 이집트까지 그 기원이 거슬러 올라가며 인류 발전의 거의 모든 단계를 거쳐왔습니다.

답변은 어떻게 해석해야 하는 걸까요? 어떤 경우에 답변은 건조하고 직접적이며 놀라울 수 있지만, 어떤 경우에는 모호하고 이상해 이해하기조차 어려울 수 있습니다.

주의해야 할 점은 그것은 복잡한 문제를 맡길 부모나 멘토도, 일상적인 문제에 대한 답을 구할 새로운 점술

도구도 아니라는 것입니다. 오히려 그것은 세상을 신뢰하는 법을 배우는 훈련입니다. 기회와 미스터리, 미지의 세계에 마음을 열기 위함이자, 모든 것은 경청할 줄 아는 사람들에게 귀띔을 해주며, 이 세상에 도외시하고 깔볼 것은 아무것도 없다는 생각에 마음을 열기 위한 것이지요. 모든 것이 신호는 아니지만 신호는 모든 것 뒤에 숨어 있으니까요.

다른 일을 하는 동안에도 책 점을 칠 수 있습니다. 좋은 징조를 알리는 표식인 마냥 말이죠. 예를 들면 에세이나 논문을 쓰는 동안 당신이 올바른 방향으로 가고 있는지를 알고 싶다면 무작위로 책을 펼쳐 손가락으로 아무 곳이나 짚어보세요. 만약 문구가 적절하다면, 당신의 안테나가 잘 작동하고 있는 것입니다. 여기서도 마찬가지로, 정말로 그렇다고는 생각하지 마세요. 단지 놀이일 뿐입니다.

책 점 놀이를 하는 것은 기호를 인식하고 해석하며 기호 놀이를 할 줄 아는 우주 점술가, 즉 우주의 상징들을 읽는 사람이 되기 위한 기초 훈련일 뿐입니다. 장난을 치는 동시에 진지하게 받아들이는 것입니다.

작가들이 사랑한 책 점

20세기의 가장 참신한 책 점술가 중 한 사람을 꼽으라면 의심할 여지없이 필립 K. 딕Philip K. Dick입니다. 미국의 천재적 작가인 그는 현실에서 벗어나기 위해 공상과학 이야기를 쓰는 괴짜로 알려졌습니다. 뛰어난 소설과 단편들을 여럿 집필한 딕은 책 점을 통해 작품의 이야기를 구성하곤 했으며, 그의 작품은 영화로 만들어져 명작의 반열에 올랐습니다. 〈블레이드 러너〉와 〈마이너리티 리포트〉만 생각해봐도 충분하지요. 그의 대표작 중 하나인《높은 성의 사내》는 TV 드라마 시리즈 〈더 맨 인 더 하이 캐슬The Man in the High Castle〉로도 만들어졌는데, 제2차 세계 대전에서 연합군이 패해 히틀러와 일본 제국이 세계를 양분하여 지배하는 디스토피아 사회를 그렸습니다. 줄거리를 구성하는 등장인물들은 풀줄기를 던지며 역점을 많이 치는데, 딕 또한 글을 쓰는 동안 고민이나 명쾌하지 않은 상황을 마주하면 영감을 얻기 위해 역점을 치곤 했다고 공개적으로 인정했습니다.

쥘 베른Jules Verne의 유명한 소설《황제의 밀사》에서도 문학 속 책 점의 다른 예를 찾아볼 수 있습니다. 에미르가 코란을 펼쳐 손가락으로 아무 데나 짚었는데 "그는 더 이상 이 땅의 사물을 보지 못할 것이다"라는 글귀가 나오자 주인공 미하일 스트로고프는 실명이라는 벌을 받은 것입니다. 몇몇 이들이 역사상 최초의 탐정 소설이라고 일컫는 윌키 콜린스Wilkie Collins의 《문스톤》에서 집사로 등장하는 가브리엘 베터에지는 책 《로빈슨 크루소》가 마치 신탁이라도 되는 양 그 책에 자문하곤 했습니다. 《로빈슨 크루소》의 작가 디포Defoe 또한 난파되어 무인도에 표착한 크루소가 섬에서 생활하는 동안 책 점을 치는 내용을 썼다는 사실은 당신의 흥미를 자극할 것입니다.

어거스텐 버로스Augusten Burroughs의 《가위 들고 달리기》가 원작인, 앨릭 볼드윈과 기네스 팰트로가 출연한 영화 〈러닝 위드 시저스Running With Scissors〉에서는 중심 인물 중 한 명이 가장 고전적인 방식의 책 점, 즉 성서를 가지고 점을 칩니다. 이는 성경에 빠져든다는 의미인 바이블 디핑Bible-dipping이라는 용어로도 불리지요. 마치 뜻하지 않게 발생한 빈틈을 통해서만 성경의 신비를 꿰뚫을 수 있기라도 한 듯 말이죠. 뿐만 아니라 책 점은 때때로 다른 여러 세계 간의 의사소통을 위해 쓰이기도 합니다. 필립 풀먼Philip Pullman이 자신의 3부작 소설 《황금나침반》에서 물리학자인 메리 말론 박사에게 부여한 능력처럼 말입니다.

자각하기

이제 이 장이 거의 끝나가니, 간단한 워밍업 활동을 하나 해봅시다. 책을 덮으세요. 이번에는 다시 열기 위함이 아닙니다. 책을 덮고, 숨을 들이마시고 내쉰 뒤, 말을 시작해보세요. 말을 하고 있다는 걸 알아차리려 해보세요. 되나요? 다음과 같이 해봅시다. 조금 뒤에 ☆ 표시를 보면, 멈추고 말을 하세요. 당신이 말하는 내용과 방식을 귀 기울여 듣겠다는 마음으로 말입니다. 30초 동안 그렇게 해봅시다.

☆

해봤나요? 이상하다고 느꼈을 겁니다. 이런 느낌을 처음 받는 것은 아닐 테지만 조금 생경했을 것입니다. 보통의 우리는 의식하며 행동하지는 않죠. 아무것도 신경 쓰지 않고 앞으로 나아가는 기계와 흡사합니다. 그럴 때 우리는 행동과 완전히 일체화되어 자신이 하는 일을 거의 의식하지 못합니다. 반면에 경이를 행하는 것은 의도적인 행위입니다. 세상을 다른 방식으로 바라볼 수 있는 상태에 스스로를 두어야 합니다. 우리가 사는 세상은 그렇게 하도록 우리를 내버려두지 않아요. 오히려 우리를 항상 우리의 일과 동일시되도록, 우리의 행동 및 계획을 우리 내면의 목소리와 분리하도록 유도합니다. 하지만 앞으로 보게 될 것처럼, 자아를 관찰하는 법을 배우지 않고는 자기 존재를 꽃피울 수 없습니다.
세상을 바라보는 관점을 단 몇 밀리미터만 바꿔도 완전히 새로운 시나리오를 마주하고, 그 결과 새로운 열정, 새로운 신뢰, 새로운 행복을 맞을 수 있다는 것을 알게 될 것입니다.

손으로 쓰는 것의 힘

이 장을 정말로 끝내기 전에 이 책에 소개된 요령들을 실천하는 데 도움이 될 믿음의 행동을 하나 요청하겠습니다. 공책과 적절한 필기도구를 준비하세요. 책을 읽는 동안 그것들을 가까이에 두어야 합니다. 컴퓨터가 보급되어 이제는 공책과 필기도구를 쓰는 게 익숙지 않겠지만, 이 단순한 물건들은 책을 읽는 동안 당신의 중요한 동반자가 될 것입니다.

손으로 글을 쓰는 것은 여러 가지 면에서 아주 중요합니다. 인디애나 대학의 뇌과학자 카린 하먼 제임스Karin Harman James의 연구가 보여준 것처럼, 컴퓨터 키보드를 사용할 때와는 달리 맨손으로 글을 쓸 때 우리는 종이에 쓸 단어의 경로를 계획해야 하고 변수가 많은 결과에 생명을 부여합니다. 손 글씨의 이러한 가변성은 크나큰 기회입니다. 글을 쓰는 도중에 발생하는 무질서와 혼란, 오류를 통과하며 생각을 날카롭게 다듬을 수 있기 때문입니다. 이처럼 어떤 문제를 극복하려면 먼저 그 문제가 출현해야 하는 것입니다. 손 글씨는 또한 자신의 성격이 형태를 띠고 드러나는 걸 볼 수 있는 한 방법이기도 합니다. 컴퓨터에서 바스커빌체나 타임스뉴로먼체 등을 선택할 때는 잘 드러나지 않는 성격이 손 글씨에서는 아주 완연히 드러나지요.

워싱턴 대학에서 교육심리학을 가르치고 초등 저학년 아동을 대상으로 연구를 수행한 버지니아 버닝어Virginia Berninger에 따르면 키보드 대신 손으로 종이에 글을 쓴 아이들은 키보드를 쓴 아이보다 아이디어를 더 잘 형성했고 읽기 및 쓰기와 관련된 뇌 영역에서 뉴런의 활동이 더욱 활발했다고 합니다.

손 글씨는 어린이에게 도움이 될 뿐만 아니라 성인에게도 상당한 이점을 제공합니다. 이는 2014년 캘리포니아 대학의 대니얼 M. 오펜하이머Daniel M. Oppenheimer와 팸 A. 뮬러Pam A. Mueller가 개념의 동화 및 수정을 주제로 실시한 실험에서 증명되었죠. 컴퓨터에 글을 입력하는 것보다 종이에 메모하는 것이 더 유리한 까닭은 손으로 글을 쓰면 항상 내용을 직접 수정하게 되는 반면, 키보드로 입력을 하면 비판적 사고력이 발동되지 않아 단순히 필사에 그치고 기록을 위한 기록을 하게 되기 때문입니다.

과학기술을 악마화하려는 것이 아닙니다. 손으로 글을 쓰는 것이 생각을 더 명징하게 하기 위한 훌륭한 방법임을 강조하는 것입니다. 글자를 쓰려고 하면 학습 과정을 촉진하는 신경회로가 활성화됩니다. 캘리포니아 대학에서는 사회심리학자인 매튜 리버먼Matthew Lieberman이 또 다른 실험을 진행했는데, 이번에는 손으로 글을 쓰는 것이 감정적 문제에 어떤 영향을 미치는가에 관한 것이었습니다. 실험으로 밝혀진 것은, 감정적으로 힘들 때 종이에 글을 쓰면 성격의 표현과 인간관계에 관여하는 전두엽 영역의 사용이 증가하고 편도체(감정적 기억의 보관소로 특히 두려움 관리에 관여)의 활동은 감소한다는 사실이었습니다. 스스로의 감정을 인식하고 통제하는 법을 배우는 효과가 있는 것입니다.

의식적으로 손 글씨를 쓰는 것의 또 다른 긍정적인 결과는 지그문트 프로이트Sigmund Freud와 요제프 브로이어Josef Breuer가 《히스테리 연구》에서 해제 반응abreaction이라고 정의한 것으로서, 이는 피험자가 회상한 정신적 외상 경험과 연관된 감정의 배출과 정화(카타르시스)의 과정을 가리킵니다.

글쓰기는 그러니까 우리 내면에 공간을 만드는 것이며, 《해리포터》에서 호그와트의 교장 알버스 덤블도어가 가진 펜시브Pensieve와 가장 가까운 것이라고 할 수 있습니다. 펜시브는 기억과 생각을 저장하고 그것을 다시 불러낼 수 있는 신비한 돌 그릇입니다. 펜시브의 또 다른 역할은 정리하는 것이었지요. 당신의 공책 또한 같은 역할을 할 것이며, 이제부터 우리는 그 공책을 '개화 다이어리'라고 부를 것입니다. 아무도 다이어리를 읽지 못하도록 아주 귀중한 것을 다루듯(정말로 귀중한 것이기도 합니다) 보관하세요.

이 책을 읽는 동안 당신의 마음을 두드리는 모든 문구를 다이어리에 적어두세요. 이 책에서 읽은 문구도 좋고 일상생활 중 듣는 문구도 좋아요. 뭐든 기록하는 것입니다. 그러니까 지금 바로 공책을 하나 마련하고, 마음에 드는 펜을 고른 후 계속 읽어나가세요.

당신의 첫 편지

당신의 새 개화 다이어리 첫 페이지를 펼치세요. 편지를 하나 써볼 것입니다. 편지를 쓰지 않은 지 얼마나 됐나요? 지금쯤이면 이메일 쓰기와 다르다는 것 정도는 확실히 알겠지요. 이메일은 결이 다른 글쓰기 방식이라서 일깨우는 감각도 다릅니다. 이 편지를 쓰는 사람은 현재의 당신입니다. 이 편지를 받는 사람은 이 책을 다 읽은 미래의 당신이고요. 용기를 내, 이게 무슨 뚱딴지 같은 소리냐는 의심부터 떨쳐내세요. 당신에게 당신의 있는 그대로를 말해주세요. 개화 과정의 어느 단계에 있다고 느끼는지, 당신의 소망과 두려움은 무엇인지, 지금 기분이 어떤지, 무엇을 원하는지, 어디로 가고 있는지 말입니다. 스스로에게 자신의 상태를 묻고 솔직하게 대답해보세요.

문답의 순간에 진지하게 임하세요. 시간에 구애받거나 방해받지 않고 집중할 수 있는 여유 시간을 만드세요. 처음에는 불가능해 보이겠지만 그렇지 않습니다. 우리는 워크숍에서 수년간 글을 쓰지 않은 수천 명의 사람들이 몇 시간 동안 글을 써 내려가는 것을 보았습니다. 글을 쓰기 위해서는 꼭 재능이 필요한 게 아닙니다. 이야기를 하고자 하는 욕구만 있으면 됩니다. 그리고 의심할 여지없이 모든 인간이 그런 욕구를 가지고 있습니다.

그럼 충분히 시간을 들여 편지를 쓰세요. 그리고 다 쓰면 여기로 다시 돌아오세요.

자, 이제 당신은 이 책을 어떤 식으로 계속 읽을지에 대해 첫 번째 선택을 해야 합니다. 모든 첫 번째 선택들이 그렇듯 아주 중요하며 앞으로의 여행을 근본적으로 결정하게 될 것입니다.

일단 진정하세요. 말하자면 다음과 같은 것입니다. 플라톤이 에르Er 신화에서 설명한 것이기도 하지요. 육신을 벗어난 한 무리의 영혼이 천년 동안 하늘 또는 지하 여행을 마친 후 인간의 모습으로 다시 태어나 세상으로 나갈 수 있는 신비한 초원에 도착합니다. 각 영혼들은 순서에 따라 스스로 수많은 운명 중 하나를 선택할 수 있습니다. 여러 갈래의 길 중 하나를 고르는 것과 비슷하죠. 그리고 선택된 모든 길, 누군가의 운명이 된 모든 삶에는 살아가는 동안 내내 영혼을 인도하는 임무를 맡은 다이몬daimon이라는 영혼 안내자가 따라옵니다.

에르 신화에서 많은 영혼은 부주의하고 성급하게 선택을 해 잘못된 삶을 살고 맙니다. 그들은 자신들이 겪는 불행에 대해 신들과 다이몬에게 불평하지만, 의식을 집전한 라케시스의 예언자로부터 다음과 같은 경고를 받게 되지요. "다이몬이 당신을 선택하는 것이 아니라 당신이 다이몬을 선택한 것입니다. (…) 미덕에는 주인이 없습니다. 당신이 미덕을 쌓을수록 더 많이 갖게 될 것이며 미덕을 행하지 않을수록 더 적게 얻을 것입니다. 책임은 선택하는 자의 것입니다."

이제 당신 차례입니다. 당신 앞에 네 가지 길이 있습니다.

첫 번째 길은 고속도로입니다. 빠르고, 장애물이 없으며, 아스팔트로 포장되어 있습니다.

두 번째 길은 시골길입니다. 느리고, 비포장도로라 불편하지만 전망이 멋집니다.

세 번째 길은 지방도로입니다. 여러 마을을 지나갑니다. 네 번째 길은 도시의 큰길입니다. 교통량이 많고, 구경거리로 가득하며, 매우 시끄럽습니다.

자, 충분히 생각한 후 대답해보세요. 어느 길을 가겠습니까? 어떤 삶을 선택할 건가요? 오늘 어떤 길을 가고 싶습니까? 길을 잃을 위험을 무릅쓰고 붐비는 장소를 지나갈 건가요, 아니면 목적지에 가능한 한 빠르게 도착하는 길을 선택할 건가요? 멕시코 야키족의 주술사인 돈 후앙don Juan이 인류학자 카를로스 카스타네다Carlos Castaneda에게 한 말을 떠올려봅시다. "모든 길은 똑같다. 아무 데도 데려가지 않는다."
이 말에 대해서는 뒤에서 더 다루겠지만, 당신의 경우 그 이유 때문에 모든 길이 똑같은 것은 아닙니다.

결과는 이어지는 장들에서 확인할 수 있을 것입니다. 지금은 어떤 선택을 했든 2장으로 가세요.

2장

무엇이 당신을 행복하게 해주는가

성장과 개화

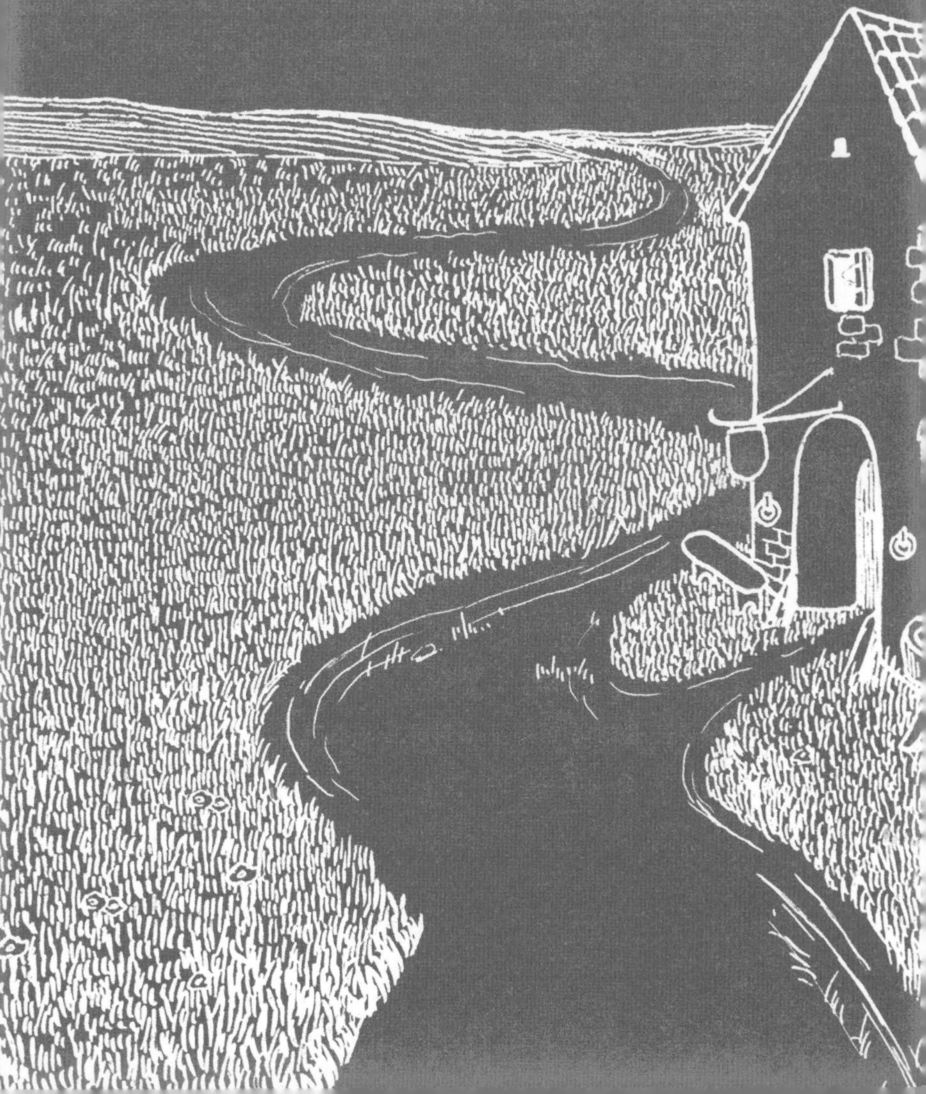

함께 여행을 하는 동안 우리는 종종 놀이 철학으로 돌아갈 것입니다. 왜냐하면 우리가 살고 있는 시대는 극도로 냉소적이고 환멸적이며, 앞으로 다가올 미래에는 삶으로 놀이를 한다는 생각이 더욱 커다란 걱정과 불안, 근심을 불러일으킬지도 모르기 때문입니다. 그래서 우리는 경이를 발견하고 세상에 다시 마법을 거는 법을 배워야 하는 것입니다.

그런데 이 과정에서 행복은 어떤 역할을 할까요? 현대 사회는 분명히 행복에 집착하고 있으며, 행복의 개념을 대단한 포식을 끝마쳤을 때 느끼는 것과 비슷한, 어딘가 멍한 상태와 연관시킵니다. 그래서 행복하기 위해서는 많이 가져야 하고, 많이 이뤄야 하고, 많이 해야 한다고 우리를 설득하지요. 한마디로, 무슨 수를 써서라도 끊임없이 성장해야 한다는 것입니다.

문제는 그러한 성장 신화가 삶을 완전히 차지할 만큼 침략적이라는 겁니다. 그것은 마치 미다스 왕이 손에 닿는 모든 것을 황금으로 바꾸었듯 하루의 모든 순간을 성과와 효율로만 규정짓게 합니다. 결과적으로 행복은 우리가 더 많이 소유하고 앞만 보고 달리느라 바쁜 와중에 계속해서 갈망하지만 기껏해야 짧은 몇몇 순간에만 얻을 수 있는 것이 됩니다. 이는 우리를 더욱더 우울하고 지치게 만들 뿐이지요.

좋은 다이몬을 갖는다는 것

그리스인들에게 행복과 유사한 무언가를 뜻하던 단어는 에우다이모니아eudaimonia였습니다. 그들에게 행복이란 문자 그대로 좋은eu 다이몬daimon을 가진 사람이 되는 것이었죠. 고대 사람들은 모든 인간에게 평생 동안 그의 발걸음을 함께하는 다이몬이 있다고 믿었습니다. 다이몬이 선하고, 유능하고, 건강할수록 가치 있는 삶을 살게 되는 것이었습니다.

그리스 문화 및 철학에서 다이몬은 신과 인간 사이의 중간 존재였으며, 때로는 이 두 차원 사이에서 중재자 역할을 했습니다. 오늘날 알려진 것과 달리 다이몬은 악의 세력과 아무 관련이 없었으며 어두운 존재가 아니었습니다. 고대 오르페우스 종교에서 다이몬은 과거에 저지른 잘못으로 인해 육체에 갇힌 영혼의 본질 그 자체로, 어떤 방법으로든 자신을 해방시키려고 노력하던 존재였습니다.

소크라테스의 다이몬은 의심할 여지없이 고대의 가장 유명한 다이몬이었습니다. 먼저 플라톤과 크세노폰의 이야기, 그다음 플루타르코스와 아풀레이우스의 이야기 덕분이었죠. 《소크라테스의 변론》과 《플라톤의 대화편》에서 일반적으로 다이몬은 소크라테스가 특정 행동을 하지 못하도록 주의를 분산시키기 위해 나타나는 존재로 표현됩니다. 이 그리스 철학자는 다이몬의 신호를 아주 잘 따랐고, 깊은 명상의 황홀경에 빠져 몇 시간이고 길 한가운데에서 움직이지 않곤 했습니다. 그는 심지어는 죽음에 직면해서도 꿈에서 받는 메시지들을 믿었고, 자신으로 하여금 어떤 선택을 하지 못하게 막는 다이몬과 접촉하고 있다고 확신했습니다. 그 목소리가 제안한다면 그는 모든 것을 포기할 의향이 있었던 것입니다. 그는 자신에게 내려진 사형 선고를 기꺼이 받아들였는데, 다이몬이 반대를 하지 않는다면 죽는 것이 옳은 일이라 여겼기 때문입니다. 게다가 선고를 피할 수 있는 가능성이 있었는데도 다이몬의 명령에 따르는 것이 의무라며 자신을 풀어줄 수 있는 사람들보다도 다이몬에게 더 순종하기를 선택했습니다. 그는 이렇게 확언했죠. "이 목소리는 내가 어린아이였을 때부터 내 안에 있었습니다. 목소리가 들릴 때마다 나는 언제나 하려던 것을 단념했고, 절대 스스로를 설득하지 않았습니다."

그러니까, 그리스인들에게 행복은 욕구의 충족과 연관된 것이 아니라 인간이 인간의 모습으로 태어나기 전에 선택한 길, 그리고 중재자인 다이몬의 선의를 따르는 것에 관한 것이었습니다. 미래의 삶의 방향은 과거에서 비롯된 것이므로 일시적인 욕망은 불안을 유발하거나 삶의 의미를 정의하지 않았습니다.

결론적으로 에우다이모니아라는 단어는 우리의 행복과 정확히 일치하는 것이 아닙니다. 적어도 오늘날 우리가 쓰는 행복이라는 단어와는 다릅니다. 오늘날에는 행복이 만족의 동의어처럼 해석되곤 하지요. "사람의 성격이 곧 그의 운명이다Ethos anthropoi daimon"라고 해석되는 헤라클레이토스의 유명한 격언은 무엇보다도 존재한다는 건 산다는 것의 모체이고, 우리 존재의 아름다움은 우리 행복의 어머니이자 자녀라는 것을 의미합니다. 우리는 내적으로 또한 외적으로 어떤 장소에 존재하는지(또한 그 장소에 어떤 방식으로 존재하는지)에 따라 우리의 근원적인 감각과 더 강하게 또는 약하게 연결되며, 순간적인 욕구의 만족은 우리가 세상에서 지니고 살아가는 태도에 비하면 중요성이 떨어지는 것입니다.

반면, 오늘날 우리는 사소한 만족을 채우며 살고 있습니다. 이 만족감은 채우자마자 사라져 우리를 절망의 구렁텅이로 끊임없이 몰아넣지요. 우리가 참조할 만한 유일한 기준은 욕망이지만, 욕망은 종종 외부에서 유발되기 때문에 진정성이 없고, 특히 성공 및 물질적 재화와 관련된 욕망은 강박적입니다. "행복은 욕망의 전진을 멈추게 하는 것이다"라고 평생 인간의 본질을 탐구한 철학자 폴 리쾨르Paul Ricoeur가 이미 설명했지요.

곧 보게 되겠지만, 욕망은 부정적인 것이 아니라 창조적 긴장을 나타냅니다. 프랑스의 철학자 질 들뢰즈Gilles Deleuze가 주장했듯 인간은 욕망하는 기계이며 욕망은 인간에게 내재된 원초적 힘입니다. 쉽게 말하자면 욕망을 갖는 것 자체는 잘못된 것이 아니며, 오히려 욕망은 생명의 촉진제이기 때문에 반드시 가꿔져야 한다는 것입니다. 그렇지 않으면 집중을 방해하는 요소가 되어버리는 경우가 많기 때문입니다. 욕망은 우리가 이미 지향하는 방향으로 여정을 가속화하고 강화할 수 있지만, 욕망이 정말로 자신이 원하는 것이 아닐 때나, 욕망을 따라가는 여정에 의문을 제기하지 않고 우리 앞길 멀리에 무엇이 있는지 보지 않으려 욕망을 이용한다면 그때는 장애물이 됩니다.

그렇게 우리는 계속해서 우왕좌왕하고, 멀리 달아나고, 우리 자신에게서 벗어나느라 우리가 지금 이곳에 존재한다는 경이를 침착하게 관조할 수 없게 됩니다.

그런데 만약 우리가 이미 행복한 거였다면요?

만족과 행복의 차이

주인공들이 영원히 행복하고 만족스럽게 살았다는 고전 동화의 결말은 무엇을 의미하는 걸까요? 우리는 대체로 이 두 단어의 차이점을 알지 못합니다. 이는 우리가 만족이라는 말을 행복을 일컬을 때에도 사용하기 때문인데,

이 둘은 엄연히 다른 개념입니다.

사실 어원적인 의미에서도 만족과 진정한 행복을 구분하기가 쉽지 않습니다. 이탈리아어 felice(행복하다)는 라틴어 felix, -icis에서 유래되었으며, 말 그대로 비옥하고 풍요로움을 의미하는 fecundus와 같은 어근을 갖고 있습니다. contento(만족)는 continere(포함하다)의 과거 분사로 '내용물'을 나타내는 라틴어 contentus에서 유래되었고 무언가에 만족하고 채워진 충만한 상태를 의미합니다.

만약 당신이 아주 맛있는 음식을 이제 막 다 먹었다면 만족감, 즉 채워진 느낌과 흡족함을 느낄 것입니다. 하지만 그것이 곧 당신이 행복함을 의미하지는 않습니다. **행복은 풍요로움, 스스로 충만한 상태와 관련이 있습니다. 흡족함이 아니라, 당신과 세상이 사랑스럽게 만나면서 탄생한 어떤 것에 당신이 빛을 밝히고 있다는 감각입니다.**

우리는 행복하면서도 동시에 만족할 수 있는 법을 배워야 합니다. 그것이 풍요로움과 동시에 흡족함을 느끼게 하는 지복의 상태입니다. 그것은 주고자 하는 욕구, 자신을 세상에 내놓고자 하는 욕구, 미지의 것으로 자신을 채우려는 욕구를 이미 완전하고 충만한 느낌과 결합하는 것입니다. 출산을 마친 직후의 산모처럼 말입니다.

내면의 토양이 비옥해지면

행복하려면 스스로 풍요로워서 외부가 내부를 비옥하게 하고 그 비옥함이 만든 변화가 외부로 드러날 수 있어야 한다는 얘기를 하고 있었습니다. 마치 당신의 내면 세계가 햇빛과 공기, 물이 만나 화초와 나무가 자라나는 땅인 것처럼 말입니다. 당신 안에 있는 씨앗에 불과했던 것이 꽃으로 변할 때, 많은 노력을 기울인 끝에 스스로를 생생히 드러내 보일 때 당신은 행복을 느낍니다. "모든 것을 하기 위해서는 꽃이 필요하다Per fare tutto ci vuole un fiore"라고 가수 세르지오 엔드리고Sergio Endrigo가 노래했죠.

내면의 토양이 비옥해져서 새싹이 움트고 꽃과 열매를 맺는 것이 진정한 행복의 의미입니다. 이러한 이유로 철학자 힐러리 퍼트넘Hilary Putnam과 심리학자 마틴 셀리그먼Martin Seligman 등 여러 연구자들은 수년에 걸쳐 에우다이모니아라는 그리스어 단어의 의미를 현대인들에게 재확립하기 위해 용어를 하나 만들었습니다. 바로 human flourishing, 즉 인간 개화입니다.

개화는 특별한 과정입니다. 모든 사람은 자기 내면의 토양과 외부 세계가 만나는 유일한 지점에서 피어나는 고유한 꽃이기 때문이지요. 모든 사람은 공적 공간 속에서, 다른 사람들과의 관계 속에서, 그리고 세상 속 자신의 위치를 인식하면서 꽃을 피웁니다.

우리가 개인 개화라고 이야기하는 것은 각 개인이 모두 피는 시기가 다르고, 있는 그대로의 모습을 드러낼 수 있어야 하며, 서로에게 증명해 보일 것이 없는 저마다 고유한 꽃이기 때문입니다. 아직 꽃이 싹을 틔우지 않았더라도 알뿌리는 축축한 땅 아래에서 할 수 있는 모든 노력을 다하고 있습니다. 하지만 개인적 성장에 관해 이야기할 때, 흔히 오늘날의 시대정신을 그대로 따라 할 위험이 있습니다. 마치 회사가 경제 가치를 올리듯 개인의 가치 창출을 위해 계속해서 달리고, 성장하고, 쌓고, 늘려야 한다는 생각 말입니다.

개인 개화에 관해 처음 이야기했을 때 눈에 띄었던 점은 많은 사람이 우리가 이야기하는 바와 일반적인 접근 방식의 차이점을 곧장 이해했다는 것입니다. 인류 역사상 자기 자신을 이해하고 삶에 의미를 부여하는 데 관심을 쏟는 사람이 이토록 많았던 적은 결코 없었습니다. 특히 고대에는 소규모 영적 공동체들이 여럿 존재했지만, 오늘날처럼 수백만 명의 사람이 진정한 삶을 살고자 애쓰는 세계적인 공동체는 없었습니다. 이렇게 비판적이고 예민한 시대에, 우리는 정말이지 위험을 무릅쓰고 역사상 가장 드넓게 꽃이 만개한 초원을 만들고자 하는 것입니다.

우리가 몇 년 전에 쓴《당신은 신이 아니다Tu non sei Dio》에서 말했듯, 관심이 한곳에 쏠리면 그 관심을 먹이 삼아 속임수가 등장하기도 합니다. 수백만 명의 사람이 스스로를 알고 싶어 한다면 시장은 자연스럽게 상업적인 상품을 만들어낼 것입니다. 이런 것들은 진정한 자기 성장과는 아주 거리가 멀 뿐 아니라 일종의 환상을 사람들에게 심습니다. 결국 영성은 자본주의의 부산물이 되는 것이지요.

반면, 개인 개화는 방법론만으로 접근해 이룰 수 있는 것이 아닙니다. 부단한 실천이 따라야 하고, 그 길을 가는 당사자들이 수시로 수정해야 하는 지극히 개인적 과정입니다.

자신 안의 무언가가 꿈틀대는 것을 느낄 때 당신은 스스로가 꽃피는 중임을 알아야 합니다. 천천히, 당신의 속도에 맞춰 부드럽게 움직일 때도 있고 때로는 당혹스러울 만큼 커다란 무언가가 움직일 때도 있겠지만, 당신에게 위협이 되지는 않을 겁니다. 그저 당신의 노력, 당신의 성찰, 당신의 수정을 요구하는 과정일 뿐이지요. 비 온 뒤에 땅이 굳듯 이런 마찰을 겪으면서 당신의 내면은 더 단단해지고 풍성해질 것입니다.

절실한 마음이 요구되지만 서두르지는 않아야 합니다. 쉽지만 단순하지 않은 목표를 정하세요. 장애물을 너무 부풀리지 않고 인식하고, 중용을 찾아 절제하면서 순간 순간을 풍요롭게 살며, 개인적 이익에 골몰하기보다 공동의 아름다움을 추구하는 선한 마음을 가져야 합니다.

우리는 왜 불행한가

근본적이고 중요한 물음이 아닐 수 없습니다. 세상의 질서 유지에 그것이 지니는 무게를 생각해도 그렇고, 공동선을 이루기 위해서도 그렇지요. 풀밭에서 다양한 방식으로 꽃이 피는 과정을 방해하는 것이 공해라면 우리가 사는 세상의 주요한 공해는 정서적인 것으로서, 개인적 이익만을 좇을 때 발생합니다. 모든 것을 혼자 차지하고, 자원을 공유하지 않고, 다른 사람을 약하게 만들고, 타인이 개화하는 데 도움이 되는 것을 빼앗는 행위는 영리하고 성공하는 사람들의 태도처럼 보이지만 장기적으로는 전체 생태계의 에너지를 고갈시키고, 약화하며, 앗아갑니다. 우리는 스스로를 한 개인으로 인식하고, 우리가 누구인지 스스로에게 묻고, 고독 속에서 홀로 서는 법을 단련해야 하지만 외부와 관계를 맺을 필요도 있습니다. 우리는 어차피 숨을 들이쉬고 내쉴 때마다 그렇게 합니다. 호흡이 곧 세상, 즉 지구 생태계를 구성하는 모든 요소들과 풍요로운 관계를 맺는 일이지요.

좀 더 큰, 우주적 의미에서 바다와 육지의 오염, 삼림 벌채, 지하자원의 무분별한 사용은 바로 인간의 불행을 보여주는 징표이자, 타인과 함께 살 수 없고 자신의 위치가 어디인지를 알지 못하는 인간의 무능을 보여주는 징표이기도 합니다. 우리가 저지르는 그러한 행위는 스스로를 둘러싼 여러 관계를 오염시킵니다.

우리는 타자로 하여금 스스로의 실존적 향기, 인간적 존재로서 지닌 자신의 향기를 완전히 발산하지 못하도록 심리적 분위기에 두려움과 편견을 주입합니다. 인종차별주의, 외국인 혐오증, 성차별주의, 배타주의는 오염을 일으키는 자를 포함해 오염된 공동체의 모든 구성원에게 피해를 입히는 실존적 스모그입니다.

이 모든 일이 일어나는 이유는 매우 간단합니다. 우리가 내부 및 외부 생태계를 계속 황폐하게 만드는 것은 이 세상을 '집'이라고 느끼지 못하기 때문입니다. 그리고 우리가 집에 있다고 느끼지 못하는 것은 우리 자신이 정말로 누구인지 모르기 때문입니다.

행복한가, 아니면 만족스러운가?

한 페이지에 제목처럼 '나를 기분 좋게 만드는 것들'이라고 써보세요. 그리고 당신을 기분 좋게 만드는 것들을 가능한 한 많이 적어보세요. 기분이 좋지 않을 때 그 페이지로 돌아가 보면 안도감을 느낄 수 있을 것입니다. 다 적었다면 책을 계속 읽으세요.

이번에는 다른 페이지 중간에 세로선을 그린 후 첫 번째 열 상단에 '행복'이라고 쓰고 다른 열 위에는 '만족'이라고 적으세요. 이제 이전 페이지에 썼던 내용을 사용합시다.
행복이라고 적은 열에는 당신의 기분을 좋고 행복하게 만드는 모든 것을 적고, 만족이라고 적은 열에는 당신의 기분을 좋고 만족스럽게 만드는 것을 적어보세요. 앞에서 얘기한 두 단어의 의미를 바탕으로 말입니다. 다 했다면, 책 읽기를 계속하세요.

말초적 기쁨을 넘어

2020년 3월과 4월 사이에 우리는 '철학과 함께 갑시다'라는 제목의 연속 실시간 인터넷 방송 이벤트를 주최했습니다. 이후 로마의 아피오 공원에서 쟁쟁한 현대 철학자들과 지식인, 예술가들을 모아 우리가 사는 복잡한 현실에서 행복이란 무엇인가를 주제로 이야기를 나눴지요. 움베르토 갈림베르티Umberto Galimberti부터 비토 만쿠소Vito Mancuso, 프랑코 아르미니오Franco Arminio, 장 뤽 낭시Jean-Luc Nancy, 주디스 버틀러Judith Butler, 낸시 프레이저Nancy Fraser, 지아 톨렌티노Jia Tolentino, 미겔 베나사야그Miguel Benasayag, 아부바카르 수마호로Aboubakar Soumahoro, 알랭 드 보통Alain de Botton, 유발 노아 하라리Yuval Noah Harari, 피터 싱어Peter Singer, 반다나 시바Vandana Shiva 등, 이외에도 아주 많은 이들을 초청했습니다. 그들 대부분이 이야기한 것은 오늘날 행복의 개념을 근본적으로 재고하는 것이었으며 하나의 질문으로 압축할 수 있는 것이었습니다.

'우리는 여전히 행복할 수 있을까요?'

우리는 어떻게 해야 행복할 수 있는지를 스스로에게 묻기 전에, 과연 행복해질 수 있는지부터 알아야 합니다. 그러니까, 이 시대에 행복을 위한 공간이 있냐는 것이지요.

성과 사회는 순간적인 만족감을 선사하는 놀라운 능력이 있습니다. 음식이나 TV 시리즈, 맞춤형 오락물 같은 수단으로 즉각적인 포만감을 안기고, 이것은 이 시대의 한 특징이 됐습니다. 클릭 한 번으로 거의 모든 종류의 서비스를 받을 수 있다 보니 한밤중에 주문한 택배가 다음 날 아침에 도착하지 않으면 금세 짜증과 조바심이 납니다. 비록 오래가는 감정은 아니지만 아예 없다고 부인할 수는 없지요. 이 사회는 말초적 기쁨을 주는 데 능통합니다.

우리는 그것을 몸소 경험했습니다. 소셜 페이지에서 활발히 활동하다 보면, '좋아요' 기제가 얼마나 기능적이고 만족스러운지를 종종 깨닫습니다. 게시물을 하나 올릴 때마다 슬롯머신 게임을 하는 마음으로 스크롤을 내려 좋아요 수를 확인하지 않으려면 많은 노력이 필요합니다(그 게시물은 어쩌면 디지털 디클러터링digital decluttering, 디지털 거리두기의 중요성에 관한 것이었을지도 모릅니다). 우리는 외부 세계가 한꺼번에 우리의 생각을 인정할 때 일어나는 도파민 폭발에 면역이 없는 데다, 수만 명의 사람들이 우리에게 이를 알리는 전달자가 되어주기 때문입니다. 하지만 좋은 게시물의 지속 기간은 하루나 이틀, 길어봐야 3일이며 수

많은 사람의 인정을 받고 나면 피곤하리만큼 더 큰 공허함이 남게 됩니다. 이 기제는 당신으로 하여금 같은 감각을 다시 한 번 경험할 수 있게 할 무언가를 세상에 내놓도록 부추깁니다. 즐거운 감각 뒤에는 그에 비례하는 금욕이 따르며, 이는 사실 행복의 발현을 방해하는 나쁜 긴장 상태입니다.

만약 1장의 끝부분에서 고속도로를 선택했다면,
5장으로 가세요.
시골길을 선택했다면, 3장으로 가세요.
지방도로를 선택했다면, 8장으로 가세요.
도시의 큰길을 선택했다면, 7장으로 가세요.

3장

자신만의 정의를 가진다는 것

자기 돌봄

철학은 살아가며 경이로움, 놀라움, 공포를 맞닥뜨릴 때 비로소 탄생합니다. 버려진 느낌, 크고 작은 위기 앞에서 느끼는 피로감, 또는 불가해한 세상을 이해하기 위해 생각의 도구를 발견하고 싶다는 자각에서 탄생하기도 하지요. 우리는 철학이라고 하면 일단 멀리하고 싶고 깊게 생각하고 싶어 하지 않지만 삶에서 정말 원하는 것을 이루고, 삶을 지속시키는 에너지를 얻고, 매 순간 자유로움을 느끼려면 철학을 곁에 가까이 두어야 합니다.

철학은 삶을 대하는 태도이자 시선이며, 결과가 아니라 지속적인 과정입니다. 하나의 견고한 체계 그 이상이죠. 철학이야말로 자신과 세계를 이해하는 최선의 방법입니다. 하지만 지난 수 세기에 걸쳐 철학은 실존적 질문이나 인류 전반의 공통 경험과는 거리가 먼, 모든 것을 설명하고 통제하려다가 실패한 케케묵은 학문으로 묘사되었습니다. 현대 철학은 바로 이 지점에서 제몫을 해내고 있지 못합니다. 고대 철학을 연구한 피터 킹즐리Peter Kingsley는 이를 다음과 같이 설명했습니다. "현대 철학은 과거에 있었던 것의 패러디다. 그것은 더 이상 지혜를 향한 여정이 아니라 지혜에 대한 방어다."

반면 고대 철학은 자기 수련과 마음 단련의 과정이었고, 궁극적으로 자기 돌봄epimeleia heautou을 최고의 가치에 두었습니다. 자기 자신을 돌보아야 한다는 생각은 그리스 문화에서 가장 근원적인 주제였으며, 로마 제국의 첫 2세기 동안 많은 로마 교리와 문화가 다시 취한 것이었습니다. 그렇게 자기 돌봄이라는 개념은 아주 많은 변화를 거치며 일종의 열망이자 태도, 생활 방식, 과정이 되었습니다. 모든 학교와 모든 철학이 이론으로, 일상 속에서의 훈련 및 실천을 통해 자기 돌봄을 발전시켜나갔죠.

지난 수 세기 동안 위대한 철학적 체계를 만들기 위해 고군분투해왔지만, 20세기의 철학은 다시 과거로 돌아갔습니다. 자기 돌봄에 정진하는 것, 바로 고대 철학의 본질로 돌아간 것입니다. 고대의 생각과 그 시대의 지혜를 탐구하고 복구하려고 노력한 사상가들의 작업 덕분이었죠. 특히 미셸 푸코Michel Foucault와 피에르 아도는 자아와 영적 수련의 기술에 관해 이야기하기 시작했습니다. 그것은 우리가 하려고 하는 것이기도 하며, 그 과정을 우리는 개인 개화라고 부르는 것입니다.

삶은 결승선을 끊는 게임이 아니다

개인 개화라는 말을 사용하는 까닭은 사람마다 소망과 특성, 성향 등이 다를뿐더러 사회가 제시하는 획일적인 길, 즉 모두가 똑같은 단계를 거쳐 똑같은 속도로 나아가는 길 같은 것은 있을 수 없기 때문입니다. 우리의 길은 각자가 살고 있는 현재, 각자의 삶, 자기 자신에게 맞춰져야 합니다. 결국에는 우리를 행복하게 할 기적 같은 기술이 있어서 사람이 그 기술에 적응해야 하는 것이 아니라(만약 그렇게 해내지 못하면 엄청난 죄책감을 느끼게 되겠지요), 기술이 사람의 처지에 맞추어 계발되어야 하는 것입니다.

우리가 스스로에게 귀를 기울이고, 스스로에게 말을 걸고, 스스로 무엇을 느끼고 원하는지 자유로이 떠오르도록 놔두는 법을 배운다면, 개화는 비록 힘든 여정일지언정 죄책감이나 완벽하게 해내야 한다는 의무감이 없는, 활기차고 가시적인 활동이 될 것입니다. 스스로를 위한 일(생산성과 연결되어 경쟁적으로 해야 하는 것)이 아니라 스스로를 위한 행동을 하는 것입니다.

사람들은 저마다 제각기 다릅니다. 모든 사람이 동시에 같은 결승선을 향해 달려야 할 이유가 전혀 없습니다. 더욱이 삶은 결승선을 끊어야 하는 게임이 아닙니다. 기어코 목표에 도달하겠다고 생각하면 끊임없이 발차기를 해야 수면에 간신히 떠 있을 수 있고, 발차기를 멈추면 수면 아래로 가라앉아 익사하고 말 것이라는 두려움이 생겨납니다. 하지만 그것은 오늘날의 성과 사회가 만든 환상일 뿐입니다. 문제는 그렇게 함으로써 삶을 깊이 이해하거나 삶의 모든 차원을 인식하지 못하며, 삶을 피상적으로만 자각하게 된다는 것입니다.

지금 바로 다음 한 가지를 명확히 해둡시다. 세네카, 마르쿠스 아우렐리우스, 에피쿠로스, 소크라테스, 에픽테토스 등 이 여정에서 우리와 함께할 고대 철학자들은 오늘날 우리가 도덕주의자로 생각할 만큼 엄격한 태도로 스스로에게 가혹한 규율을 부과하면서 거의 도그마와 같은 개념의 자기 관리를 하며 살았습니다. 우리는 그들이 전한 몇 가지 철학 개념과 연습을 되살릴 것이지만 지금의 시대정신에 따라, 그리고 개개인의 생활에 맞게 바꿀 것입니다.

눈치챘을지도 모르지만 우리가 이 책에서 언급하는 철학자들의 이름은 남성뿐입니다. 그 이유는 철학이 자기 관리에 전념할 수 있는 특권을 가진 남성만의 전유물이었기 때문입니다. 당시에 여성과 노예는 특권은커녕 가정과 육아, 노동에 전념해야 했습니다. 훌륭한 직관으로 가득 찬 에픽테토스의《엥케이리디온》곳곳에 여성 혐오적인 진술이 가득한 것도 같은 이유입니다. 그리스와 로마의 철학은 그것들이 등장했던 사회와 마찬가지로 완벽하지 않았습니다.

어쨌든, 그들이 우리에게 남긴 것은 앞으로의 삶을 구상하는 데 도움이 되는 규칙들과 태도, 경험입니다. 성별이나 기타 특징들과 상관없이 인간은 모두가 동등한 가치를 지닌다는 개념이 그 무엇보다 중요해진 시대에 이 가르침들은 유용합니다. 마침내 오늘날의 자기 돌봄은 특권을 가진 사람뿐 아니라 모든 사람이 추구하고 실천할 수 있게 되었지요. 그리고 그것은 개개인을 위한 맞춤형 과정이 될 수 있습니다. 모든 것이 각자에 맞게, 알맞은 때에 적합한 방식으로 전개될 수 있는 것입니다.

크로노스 신화가 들려주는 것

우리는 왜 인간관계에서 피로감을 느끼고 세상에 홀로 내던져진 기분에 자주 휩싸일까요? 왜 우리는 살면서 이유도 모른 채 속상한 일이, 고뇌와 고통에 괴로워하는 일이 반복될까요?

플라톤은 이미 2500년 전에 인간의 삶이 이토록 팍팍한 이유에 관해 글을 썼습니다. 바로 젊은 소크라테스와 엘레아에서 온 이방인 사이의 대화를 담은《정치가》에서였지요. 이 책에서 플라톤은 크로노스 신화를 들려줍니다. 이 신화에 따르면 아주 먼 옛날에 땅의 자손과 신성한 목자들이 살던 시대가 있었고, 그 시대에는 크로노스 신이 인간을 돌봤을 거라고 합니다. 이방인은 목가적인 이 시대가 막을 내리자 신이 우주를 방기했고 정반대의 주기가 시작되었다고 말합니다. 이후 인간은 다시 자연 상태에 내던져졌고 출산과 생계, 자기 돌봄의 의무를 지게 되었습니다.

이방인에 따르면, 인간이 지금 동물을 돌보는 것처럼 그 신화적 시대에는 신이 인간을 돌보고 목초지로 인도하며 직접 감독했다고 합니다. 신이 인간을 관리했기 때문에 정치 체제도 없었고 아내를 찾아 자녀를 낳을 필요도 없었습니다. 모두가 그때껏 자신이 어떤 존재였는지 전혀 기억하지 못한 채 대지에서 탄생했던 것입니다.

플라톤은 이 신화를 쓸 때 자신이 사실이 아닌 어떤 것을 아예 처음부터 만들어내고 있다는 것을 분명히 알았습니다. 그 어떤 것이란 우리가 땅에 발을 딛고 있는 한 눈에 보이지 않을 무언가를 현실에서 설명해주는 열쇠, 다름 아닌 상상력이었죠. 그러니까 그것은 역사적 진실이 아니라, 오늘날 우리가 숨기려 하지만 실은 오히려 더 또렷이 드러내야 할 근원적인 운명에 대한 서사적 반응이었습니다. 바로 인생은 피곤하고 힘들며 아무리 애써도 자주 공허해질 수밖에 없다는 것이었죠. 나이를 먹으면 우리는 스스로의 힘으로 살아가며 많은 것을 책임지는 법을 배워야 합니다. 플라톤이 크로노스 신화를 통해 우리에게 전하고 싶은 이야기도 이것입니다. 한때 인간은 신의 돌봄 아래 아무 걱정 없이 풍부한 음식과 아름다운 자연을 누리며 정치와 사귐이 없었지만, 이제 그런 시대는 끝났고 다시 오지 않는다는 것을 말입니다.

그런데 신이 인간을 돌보던 크로노스 시대와 개인이 각자 자신을 돌보아야 했던 제우스 시대의 차이를 이야기한 후 이방인은 소크라테스에게 묻습니다. 둘 중 어느 쪽이 더 행복할지 판단할 수 있겠느냐고요.

이 질문을 당신에게 넘기겠습니다. 당신의 대답은 무엇인가요? 바로 답을 할 필요도, 확답을 내리지 않아도 됩니다. 이 질문으로부터 개인적 개화 과정이 시작되는 것이니 진지하게 생각해보고 당신만의 답을 찾아가세요. 인생은 걷다 보면 많은 사람을 만나는 기나긴 길이지만 그 길은 스스로의 다리로 걸어야 하며, 왜 모든 것이 쉽지 않은지, 왜 땀을 흘리며 걷고 있는지 종종 의문스러워질 때도 있을 것입니다.

더 행복한 삶이 크로노스 시대의 것일지 아니면 제우스 시대의 것일지 스스로에게 묻는 것은 결국 출발할 준비가 되었는지 묻는 것을 의미합니다. 우리가 플라톤이 묘사한 제우스의 시대를 살고 있다면, 다른 대안은 없습니다. 우리는 스스로를 돌봐야 합니다. 그러니까 진짜 질문은 이것입니다. 스스로를 책임질 준비가 되었나요, 아니면 초월적 존재가 당신을 돌봐주기를 마냥 기다리고만 있나요?

한 사람의 제자, 인생의 제자

대부분의 위대한 고대 철학자들은 학교인 아카데미를 건립했고 공동체 생활을 이끌었습니다. 아카데미에 입학한 이들은 수업을 들어야 했을 뿐 아니라 신체 훈련과 식사, 인간관계에 있어 매우 엄격한 지침을 따라야 했습니다.

미셸 푸코는 이 엄격한 규율이 역설적으로 작용했다고 말했습니다. 규율을 지키기 위해 우리 시대의 인간으로서는 지속해낼 수 없을 훈련이 요구되었지만, 혹독한 훈련이 아카데미의 제자들을 더 자유롭게 만들었기 때문입니다. 모든 것을 자유롭게 할 수 있다고 말하는 사회에서 우리는 사실 꼬리표와 정체성을, 퍼스널 브랜드와 거울에 비친 자신의 이미지를 혼동하고 있습니다.

푸코의 책에 따르면, 이른바 '자기自己 테크놀로지'는 개인으로 하여금 "자신만의 방법으로, 또는 다른 사람의 도움을 얻어 생각부터 행동, 존재 방식에 이르기까지 자기 몸과 영혼에 몇 가지 작업을 수행하도록" 했습니다. 또한 "행복, 순결, 지혜, 완전성 또는 불멸이 특징인 상태에 도달하는 것을 목표로 스스로의 변신을 실현하도록" 했습니다.

하지만 고대에는 그러한 선택이 개인의 노력을 강화할 수 있었을지 몰라도 오늘날 그러한 선택을 했다가는 무리 지어 사람을 교묘하게 조종하는 역학 관계에 빠질 위험이 있고, 실제로도 그런 일이 잦습니다. 결국 서구 문화에 종교적 규율과 교리가 스며든 지 수천 년이 지난 지금, 한때 사람을 해방시키던 것(스승이나 철학자가 내리는 지시를 따르는 것)이 오늘날에는 사람을 길들이는 것이 되었습니다. 우리의 시대정신과 현대 사회의 복잡성을 감안하면 사람들이 글자 그대로 따를 지시를 내리는 것은 상상도 못할 일이니, 이제는 자신이 나아갈 길을 스스로 설계할 줄 알아야 합니다.

우리가 사는 세상에서는 지도자가 아니라 촉진자, 즉 당신에게 알맞은 단련을 이끌어내는 데 도움을 줄 사람들을 찾아야 합니다. 촉진자와는 약간의 마찰이 생길 수 있지만 이것은 자연스러운 과정이지 잘못된 것이 아닙니다. 엄격한 통제를 받지 않고도 스스로 자신만의 규율을 계발해나가는 것입니다. 규율(discipline)은 제자, 즉 훈련과 가르침을 통해 배우는 사람을 뜻하는 라틴어 discipulus에서 나온 단어입니다. 조금 더 어려울 수도 있겠지만, 한 사람의 제자가 아니라 인생의 제자가 될 수 있는 것입니다.

자기 자신을 안다는 것

소크라테스를 떠올리면 자기 돌봄 개념보다는 델포이 신전 입구에 새겨진 격언 "너 자신을 알라"가 먼저 떠오를 것입니다. 잘 생각해보면 우리는 아주 오래전부터 자신을 아는 것을 중요하게 여겼습니다. 그리스인들에게 삶의 기본 원칙은 자신을 돌보는 것이었지요. 자신을 돌보려면 자기 이해가 먼저 이루어져야 합니다. 자신을 아는 것은 자기 돌봄을 실천하는 하나의 과정이자 큰 계획의 일부였습니다.

그런데 우리는 자신을 안다는 것을 잘못 이해하고 있습니다.

자신에 대한 모든 것, 자신의 생각과 지난 밤의 꿈들, 몸의 구석구석을 통제 아래에 두어야만 자신을 아는 것일까요? 모든 것은 분명하고 명쾌해야 하며, 조금의 의심도 남기지 않고 완전하고 완벽하게 해결되어야만 한다는 태도로는 결코 자기 이해에 이를 수 없습니다. 그렇게 된다면 우리는 내적 비판에 빠지게 되고, 계획한 일이 틀어질 때마다 스스로를 비난하기 쉬우며, 예상치 못한 자신의 욕구나 성향을 발견할 때마다 혼란에 빠질 것입니다.

그리스인들이 추구하던 자기 돌봄과 이보다도 더 멀 수는 없을 것입니다. 그리스인들은 영원하다거나 불변하다는 환상을 성급하게 갖지 않았고 나, 개인, 자아의 개념도 지금 우리가 생각하는 것과는 달랐습니다. 그리스인들에게 자신을 아는 것은 삶의 방식 그 일부로서 필요한 것이었습니다. 중요한 가치였지만 지금처럼 거창하거나 요란한 개념은 아니었습니다. 자기 자신을 통제하지 못한다고 해서 괴로워할 이유가 없던 것입니다.

우리는 스스로를 소셜미디어의 프로필이나 게시물처럼 생각합니다. 일관적이어야 하고 항상 좋은 모습에 항상 잘 정리된 컨디션을 유지해야 한다고 생각하죠. 반면 영적 전통과 최신 신경과학은 그에 관해 더 복잡한 메시지를 우리에게 전합니다.

자기 자신을 밑바닥까지 알 수 있다는 생각에서 벗어나라는 것입니다. 어쩌면 밑바닥 같은 건 아예 없을지도 모릅니다. 자기 돌봄은 스스로에게 질문을 던지고 선택하고, 숱한 연습과 실천, 시행착오를 수정해가는 과정을 통해 이룰 수 있습니다.

왜냐하면 자기 돌봄은 자신의 집인 몸, 그리고 영혼에 관한 것이자 우리가 통제할 수 있는 것 너머에 있는 것과 관련이 있기 때문입니다. 우리 자신을 돌본다는 것은 감정, 소망, 재능, 계획을 따라야 하는 것이기도 하지만, 허영심이나 평가에 대한 두려움에 휘둘리지 않고 잘하고 싶은 순수한 열망을 따르는 것입니다. 이런 이유로 나 자신을 돌보는 것은 세상의 일부를 돌보는 것이며, 그렇게 함으로써 나는 다른 사람들을, 또한 내가 세상에 퍼뜨린 것들을 돌보는 셈입니다.

삶을 다루는 기술로서의 철학

고대 철학 연구의 권위자인 피에르 아도는 고대의 철학자들은 실존적 변화를 달성하기 위해 정신 수련을 시행했다고 말했습니다. 고대 시대에 철학이라는 삶을 선택한다는 것은 성찰과 금욕을 실천하는 것이었습니다. 사실 최초의 철학자들이 공들여 만든 수련의 일부는 오래전부터 내려온 영적 전통과 유사한 면이 있습니다. 고대 철학 이후 탄생한 종교들에 고대 철학의 가르침이 녹아 있는 것은 어찌 보면 당연한 것이었습니다.

아도는 고대 철학이 지적인 사색이 아니라 존재 전부를 다루는 구체적인 성찰이자 삶에 대한 태도, 곧 삶의 기술이라고 강조했습니다. 그리고 그것의 목표는 단지 지식을 전하고 축적하는 것뿐만 아니라 현재의 자신에게 집중하여 자기 이해에 이르는 것이었고, 더 궁극적으로는 사유를 개인적인 것에서 보편적인 것으로 고양시켜 전체 속에서 자신을 인지하는 것이었습니다. 고대 시대에 철학이라는 삶을 선택한다는 것은 자신의 상태를 문제시하고 삶에 대한 전면적인 변화metamorphosis를 꾀하는 것이었습니다.

자신을 돌보고, 자신을 알고, 올바른 행동을 하는 것은 고대인들에게 철학적 삶을 실현해나가는 기본 중의 기본이자 윤리학의 기초를 이뤘습니다.

이 시점에서 고대 철학은 우리가 상상조차 하기 힘든 초월성, 불가사의, 영성의 문을 열어 젖혔다는 점을 강조할 필요가 있겠습니다. 이탈리아의 철학자 에마누엘레 세베리노Emanuele Severino가 그와 관련해 쓴 것처럼 "철학은 위대하게 탄생"했으며 많은 역사가들은 피타고라스, 엠페도클레스, 파르메니데스가 신비한 존재이자 마법사, 입법자, 우주학자, 치유자, 주술사였음에 점점 더 동의하고 있습니다.

이 옛 철학자들이 살았던 곳에 당신도 어쩌면 가보았을지도 모릅니다. 피타고라스는 크로토네에 학교를 설립했고, 엠페도클레스는 아그리젠토에서 태어났으며, 파르메니데스는 현재의 살레르노 지방에 있던 엘레아에서 태어났습니다. 그곳들은 우리의 진정한 뿌리가 시작된 곳이지만 지금은 그저 아득하고 신비한 곳쯤으로 생각되는 경향이 있지요. 임박한 것처럼 보이는 여러 디스토피아적 시나리오들 중 가능한 최선의 미래를 선택하고자 할 때,

우리가 해야 할 것은 단 한 가지입니다. 바로 우리의 최선의 과거를 재발견하고 맨 처음 마치 폭발하듯 일어난 깨달음에서 실마리를 얻는 것입니다.

자기 돌봄은 신학자 루돌프 오토Rudolf Otto가 뉴미너스numinous(신이나 신비스러운 존재와의 구체적이고 무시무시하며 흥미로운 만남)라고 부른 무언가와 연결되기 위해 자신을 연마하는 기술이었습니다. 그것이 고대 철학의 진정한 정점이지요. 현실의 합리적인 이해는 철학의 출발점일 뿐이지만 많은 이들은 그게 철학의 전부라고 확신하며, 거기에서 길을 잃어버립니다. 합리적으로 생각하는 법을 배운 결과, 자신과 조화를 이루는 훌륭한 능력을 갖출 수 있지만 그것이 철학의 정점은 아닙니다. 근원적 타자성Alterity, 자아를 해체하고 밑바닥을 보여줄 수 있는 힘, 인간적 경험의 심연Abgrund이 철학의 정점입니다.

정신의학자 칼 구스타브 융Carl Gustav Jung은 이에 대해 다음과 같이 썼습니다. "내 작업의 주요 관심은 신경증 치료가 아니라 신비한 존재에게 다가가기 위함에 있습니다. (…) 뉴미너스에 다가갈 때 진정으로 치유받을 수 있고 뉴미너스를 경험하는 만큼 신경증 같은 질병의 저주에서 벗어날 수 있습니다. 질병 자체도 뉴미너스적 성격을 띠고 있습니다." 융은 여기서 우리를 무한, 신비한 두려움과 매

혹에 마주하게 하는 진정한 종교적 경험에 관해 이야기합니다. 자기 돌봄은 그 정점에서 뉴미너스가 주도하는 치료로서 드러나며, 그것은 융이 말했듯 질병의 의미 자체를 바꾸기까지 합니다.

철학은 학식이나 고상한 오락의 과시가 아니라 시간이 지남에 따라 우리가 쌓아온 모든 쓸모없는 상부 구조를 극복하고 진정한 자기 돌봄을 배우는 것을 목표로 하는 물리적이고 구체적인 여정입니다. 약간의 마찰은 생길지언정 폭력은 쓰지 않고, 한 번에 한 꺼풀씩 벗겨내며, 한 걸음 한 걸음씩 나아가야 합니다.

나다운 나를 지키고 있는가

자기 돌봄이라고 하면 자신과 자신의 몸, 시간 관리에 강박적인 관심을 쏟으며 허영을 부리는 자기중심적인 모습이 떠오를지도 모르겠습니다. 사실 현대 사회는 우리를 계속해서 나르시시스트적 행동과 생각으로 몰아넣고 있습니다. 자신을 돌보는 것은 미의 기준을 충족하는 몸을 갖는 것이고 자신을 돌보는 사람은 수많은 것을 완벽하게 해내는 활동적인 사람이라는 생각을 우리에게 주입하는 것이지요.

이런 이유로 하루 중 명상과 책 읽기, 요가와 크로스핏, 가족들과 시간 보내기, 친구 사귀기, 일, 요리, 집 청소 및 관리, 인스타그램 포스팅, 자원봉사, 소설 쓰기, 활발한 성생활 등을 다 해내지 못하면 우리는 괜히 죄책감을 느끼게 됩니다. 그래서 우리는 일상의 모든 여백을 무언가로 채워 넣으려고 합니다. 항상 시간을 쪼개 최대한 바쁘게 지내려 하고, 우리의 재능을 자본화하려 하며, 하루 동안 수많은 계획을 세우고 그것을 실행해내려고 합니다. 이 말은 텅 빈 공간이 결국 우리를 불안하게 만들고 죄책감에 빠지게 한다는 것입니다.

반면 자신을 돌본다는 건 무엇을 의미할까요? 적절한 순간에 알맞게 필요한 것을 하는 것입니다. 세상의 기준에 맞추려 하거나 목록에 체크를 해가며 당신을 완벽한 사람으로 만들어줄 것들을 의무적으로 하는 게 아닙니다. 머무름과 나아감, 이 둘 사이에서 알맞은 균형을 찾아, 당신이 때때로 그려왔던 여정을 따라가는 것입니다.

자신을 돌보는 것은 당신이 어디 있는지, 어디로 가고 싶은지 깨닫는 것을 의미합니다. 그리고 그곳에 도달하기 위한 다리를 만드는 것이지요. 마라톤처럼 쉬지 않고 해야 하는 일은 아니지만, 그렇다고 어떤 변화에 부딪쳤을 때 쉽게 단념해서는 그 다리를 만들 수가 없습니다. 중요한 것은 다리라는 개념 자체이며, 그렇기에 당신이 직접 만들고 당신만의 속도로, 오직의 당신의 두 발로 건너야 하는 것입니다. 순식간에 되는 일이 아니고, 정해진 매뉴얼도 없습니다.

세네카가 생각한 것과 같이, 자기 자신에게 가까이 다가가는 것입니다. 그리고 스스로에게 더 가까이 다가갈수록 이 주체성이 얼마나 무한한지, 이 여정이 얼마나 끝이 없는지 점점 더 깨닫게 될 것입니다. 그러니 조급한 마음을 내려놓고 길다면 긴 이 여행을 즐기는 게 어떨까요? 숨만 찰 테니 그렇게 뛰려고 하지 말고요.

삶을 대하는 태도를 어떻게 가질 것인가는 결국 우리 각자에게 달린 일이지만, 오늘날의 시대정신은 우리로 하여금 느긋하게 시간을 기다리거나 충분히 시간을 쓰는 것을 어렵게 만듭니다. 세상은 우리에게 모든 것을 통제할 수 있는, 수행력과 결단력을 가진 완벽한 사람이 되기를 원하게 만들지요. 또다시 통제에 관해 얘기하는데, 사실 통제는 이 여행과 아무 관련이 없습니다. 자신에게 다가가는 길은 모험 그 자체이고 미지의 발견으로 가득하므로, 마지막 도착점에 빨리 도달하겠다는 조급함은 버려야 해요. 순리를 거스르지 않아야 합니다. 도착점이라는 것이 없기 때문입니다.

우리가 고대인들의 생활 방식을 되찾으려면 외부 기준은 버리고 자신의 리듬을 좇으면서, 무엇보다도 머무름과 나아감 사이의 균형을 유지하려 노력해야 합니다.

흠 없는 몸이나 완벽한 삶보다도 우리의 상태가 어떤지, 우리가 느끼는 감각과 감정은 무엇인지, 우리가 일상에서 실천할 수 있는 작은 돌봄 행동에는 어떤 것이 있는지 자문해봅시다. 스스로의 지도자가 되는 것, 자신을 해치지 않으면서 최선을 다하는 것이 중요합니다. 당신의 현재 상태는 여정의 한 단계일 뿐입니다. 그 자체로는 틀릴 수도 없고, 완벽해질 수도 없어요. 단지 당신은 삶이라는 미로, 즉 불안정한 과도기의 한 지점을 지날 뿐입니다.

문학사에서 가장 위대한 '미로의 대가'인 아르헨티나 작가 호르헤 루이스 보르헤스Jorge Luis Borges는 모든 미로가 놀라운 이야기를 품고 있다는 걸 알고 있었습니다. 미로를 통과하는 사람들은 혼란과 경이를 경험하는데, 그것은 인간이 아니라 신이 하는 일이기 때문입니다.

우리 모두의 삶은 미로의 건설 현장입니다. 우리 내면의 도로는 구불구불하고 여러 갈래로 나뉘어 현기증을 일으킵니다. 또, 나가는 길, 지켜야 할 보물이 있는 길이 어지럽게 갈래져 있습니다.

훌륭한 미로란 인생 그 자체입니다. 보르헤스가 단편 〈두 왕과 두 개의 미로〉에서 묘사한 것과 비슷합니다. 올라갈 계단도, 열어젖힐 문도, 따라갈 복도도, 앞을 막아선 벽도 없다면 그곳은 사막일 뿐이지요.

하루 돌아보기

자기 돌봄을 일상에서 연습하는 방법 중 몇 가지는 당신이 이미 아는 것일 수도 있습니다. 그 의미와 방향이 조금 달라지긴 했지만 가톨릭 문화에 흡수되어 있기 때문입니다. 예를 들어, 가톨릭에서 미사 중에 하는 참회의 기도는 피타고라스학파, 소크라테스학파, 스토아학파, 에피쿠로스학파에서 이미 비슷한 방식으로 오래전부터 수행되었습니다. 이를 통해 생각과 말과 행위에 주의를 기울이고 살아나가는 데 필요한 최선의 수단과 목적을 더 잘 파악할 수 있었죠.
오늘날 이 연습은 저지른 잘못을 알아내고 정죄해야 한다는 개념과 잘못 연관되어 있습니다. 바로 이런 이유로 죄책감과 연관된 의미를 벗기고 원래 가치를 되찾는 것이 필요합니다.

우리는 매일 저녁 자기 성찰을 하도록 권합니다. 당신이 받아들이기로 선택한 삶의 규칙이 일상의 행동 속에서 얼마나 지켜지고 있는지를 확인하기 위한 것입니다. 얻는 것도, 잃는 것도 없습니다. 그저 관찰을 할 뿐입니다. 간단히 말해, 우리가 하루 동안 직면한 다양한 상황을 마지막 것부터 처음 것까지 쭉 살펴보는 것입니다.

잠들기 전에 스스로에게 질문해보세요. 오늘 어떤 잘못을 개선했나요? 어떤 악습을 참아냈나요? 당신의 어떤 부분이 좀 더 나아졌나요? 그리고 마지막 것부터 처음 것까지 당신의 행동을 거꾸로 회상해보세요. 하루 중 중요한 무언가를 이해한 순간들을 다이어리에 적어보세요. 자기 성찰은 행동의 목적과 원인을 명확히 하고 새롭게 하며, 당신이 여정의 어느 지점에 있는지를 알려주는 근본적인 도구가 될 것입니다. 정신없이 돌아가는 세상 속에서 방향을 명확히 잡기 위한 나침반인 것입니다.

매일 저녁마다 숭고한 절대 진리를 이해하려 애쓰라는 말이 아닙니다. 개화 다이어리에 의미 있는 순간들을 기록하는 것으로 충분합니다. 어쩌면 그런 순간들에 아직 의미를 부여하지 못할 수도 있습니다. 일단 얽혀 있는 실타래에서 실들, 즉 하루하루를 한 번에 한 올씩 풀어내는 것부터 해보는 겁니다.

당신만의 질문, 당신만의 답

당신 자신을 돌보고 미로를 탐색하는 데 당신이 너무 어리거나 너무 나이 들었다고 생각하지 마세요. 이 과정은 모든 것으로부터 독립적인 것입니다. 〈메노이케우스에게 보내는 편지〉에서 에피쿠로스는 영혼을 돌보는 데 있어 너무 젊은 나이도, 너무 늙은 나이도 없다고 썼습니다. 당신이 살아 있고 배우고자 하는 마음만 있으면 충분합니다.

자기 돌봄은 영혼을 돌보는 것과도, 몸을 돌보는 것과도 관련이 있습니다. 육체적으로뿐만 아니라 지적으로도, 또한 심리적으로도 우리를 감싸고 일어나는 감각과 감정에 귀를 기울이는 문제이기 때문입니다.

하지만 일반적으로 우리는 우리의 몸을 포함한 육체들을 내면의 소리가 아니라 문화적 시선을 바탕으로 평가

합니다. 몸은 점점 더 강박적인 검열과 통제의 영역이 되고, 우리는 육체가 우리의 감정 상태와 개인의 정체성에 영향을 미치며 스스로를 인식하는 유일한 장소여야 한다는 사실을 잊어버립니다. 문화적 기준들은 우리로 하여금 몸의 상태가 어떤지 느끼기보다 부정적인 무언가를 찾도록 부추깁니다.

특히 여성의 경우 신체 감시body checking를 점점 더 자주 하게 되는데, 이는 텔레비전과 광고뿐만 아니라 소셜 네트워크 등 미디어에 등장하는 완벽한 신체 이미지들 때문입니다. 늘 자신의 몸을 관찰하고 남들의 평가 기준에 미치지 못한다고 자책하다가 남보다 먼저 자신을 검열의 대상으로 삼는 겁니다.

심리학자 러네이 엥겔른Renee Engeln은 저서 《뷰티 매니아Beauty mania》에서 다른 사람들이 지속적으로 우리의 외형을 모니터링하면 결국 우리도 그렇게 하게 되며, 옷차림이 어떻게 보이는지, 배가 나오진 않았는지, 남이 뾰루지를 알아보지는 않을지, 머리는 괜찮은지 스스로에게 끊임없이 묻는, 우리 몸의 가장 민감한 관찰자가 된다고 주장하며 다음과 같이 썼습니다. "우리 몸이 관찰되고 있음을 상기시키는 문화에서, 우리는 스스로 검사원이 되었습니다." 몸의 검열은 시간과 에너지, 돈을 빨아들이고 우리의 정신적 공간을 식민지화해 우리를 정말로 행복하게 하는 질문과 일들의 자리를 빼앗습니다.

반면 자기 돌봄은 웰빙과 관련이 있으며, 언제나 고정관념과 조건화로부터 우리를 자유롭게 해방시킵니다. 보통 웰빙의 의미는 수영장 옆에서 마시는 칵테일이라든지 경제적 여유, 느긋한 마사지 등 피상적인 것과 연결되고, 몸과 영혼의 상태를 나타내는 의미로는 잘 쓰이지 않는 것이 현실입니다. 하지만 사실 웰빙은 육체적·정신적 힘이 조화로운 상태이며 행복과 밀접한 것입니다. 일반적인 의미에서 육체적으로뿐만 아니라 정신적, 정서적, 지적으로 잘 지내는 것을 뜻하지요. 예일 대학에서는 웰빙을 주제로 유명한 수업이 진행되기도 했는데, 영어의 뜻을 생각해보면 그 진정한 의미가 더욱 명확해집니다. Well-being, 즉 잘 지낼 수 있는 풍요로운 상태를 의미하는 것입니다. 좀 더 철학적으로 해석하자면 존재에 이로운 것을 행하는 것이라고 할 수 있습니다. 그 누구도 센티미터나 치수, 숫자로 변환하거나 획일적으로 분류할 수 없는 당신의 존재 말입니다.

그렇다면 이로움이란 무엇일까요? 이로움이란 절대적인 사실, 모든 사람에게 적용되는 무언가가 아니라, 당신 개인의 입장에서 스스로에게 질문할 수 있는 어떤 것입니다. 예를 들면 몸을 풀어주는 마사지를 당신은 좋다고 느낄 수도, 괴란쩍다고 느낄 수도 있지요. 왜 그런 감정이 드나요? 무엇이 당신을 움직이게 하죠? 모든 사람에게 맞는 하나의 답은 없습니다. 오직 당신에게만 해당되는 답이 있을 것이고, 당신만이 그 질문에 답할 수 있습니다.

돌봄의 가치를 잃은 사회

우리가 사는 세상은 자기 돌봄을 대수롭지 않게 보는 경향이 있습니다. 돌봄을 전문으로 하는 직업이 어떻게 취급되고 평가받는지를 관찰해보면 이해하기가 쉬울 겁니다. 예를 들어 교육자, 교사, 간호사, 사회보건 종사자는 사회적·경제적 관점에서 그리 위상이 높지 않습니다. 그들의 일은 통상 대단한 능력이 필요하지 않은 단순한 업무로 평가됩니다.

반면 관리자, CEO, 정치인, 재무 전문가 등 중요한 직종에 종사한다고 평가받는 사람들을 봅시다. 그들은 뛰어난 돌봄 능력보다는 전략 수립, 리더십, 앞으로의 전망을 예측하는 예지력이 있어야 합니다. 리더십과 돌봄은 서로 매우 다른 자질처럼 보입니다. 그 둘을 이렇게 파악하는 관점은 아주 많은 일상적인 행동과 상황에 배어 있습니다.

지난 수십 년 동안 세계는 합리성과 거리가 먼 감정과 인간적 요소를 기업 경영에서 배제하고 오직 성취만을 중요시하는 리더십 모델을 따랐습니다. 여러 신경과학 연구들과 직업 환경에 관한 조사들이 입증한 것처럼 이 모델은 개인에게나 집단에게나 유해한 역학을 조성해왔습니다.

몇 년 전, 우리는 대기업의 프로젝트 관리자들을 위한 워크숍을 진행했습니다. 흔히 그렇듯 처음에 그들은 기업의 일처리 과정이 완벽하고 내부 문제가 전혀 없는 것처럼 굴었지요. 하지만 회의를 진행해나가면서 그들은 내부 프로토콜과 업무 환경이 자신들을 얼마나 불안하게 만들고 스트레스받게 하는지를 이야기하기 시작했습니다. 특히 관리자 중 한 사람이 한 말은 우리를 아주 놀라게 했습니다. 많은 사람이 일상을 사는 방식을 그 말이 잘 묘사했기 때문이었습니다. "남편은 제가 일을 끝내고 집에 오면 저세상에서 돌아왔다고 말해요."

간단히 말해, 직장에서 그녀는 비인간적인 근무 리듬과 동일시되어 완전히 다른 사람이 되었고, 그녀의 직장 생활은 개인적 생활과 너무 부조화해서 남편은 퇴근하고 집에 돌아온 그녀 모습에서 그런 이미지를 떠올렸던 겁니다. 이와 비슷한 상황에 처한 사람을 몇 명이나 알고 있나요? 혹시 당신도 지금 겪고 있는 일인가요?

현대 사회는 점점 더 성과주의로 치닫고 있으며, 우리를 끊임없이 변화하고 생동하는 리듬을 가진 유기체가 아니라 성능 좋은 기계가 되도록 부추깁니다. 성과는 돌봄과는 아무런 관련이 없습니다. 사람을 고려하지 않은 채 항상 동일하게 유지되는 연속적 리듬만을 강요하기 때문입니다.

여러 연구와 경영대학원을 비롯한 연구기관들에서 노동환경에 관해 조사한 자료 덕분에 많은 기업이 이를 깨닫고 있으며 소속 직원들의 감정, 욕구, 재능을 바탕으로 새로운 리더십 모델을 개발하기 시작했습니다. 이는 일과 인문학뿐 아니라 어쩌면 기술과학 측면에서도 중요한 점일 것입니다. 결과와 성과만 중시한다면 기업의 일원으로서 무언가를 함께하고 있다는 감정을 갖기 힘듭니다. 완료하는 것을 의무로 만들어 부여하는 식으로는 그 일을 하는 사람들의 자발적 참여를 대체할 수 없기 때문입니다.

그러니까, 리더십과 돌봄은 서로 이질적인 것이라고 할 수 없습니다. 오늘날의 리더십이 진정성 있고 안정적이며 유연하기를 바란다면 사람들과 그들의 감정 상태에 주의를 기울여야 합니다. 돌봄의 가치를 도외시할 수 없는 것입니다.

삶은 수많은 갈림길의 집합이지요. 갈림길을 앞에 두고는 겁에 질려 멈춰 선 채 머뭇거리다가 되돌아가는 사람들이 있습니다. 또 오른쪽, 왼쪽 둘 중 하나를 선택하는 사람들도 있습니다.
우리는 당신에게 이 두 가지 방법 대신 "갈림길에 이르면 갈림길을 택하라"라고 말한 미국의 천재 야구선수 요기 베라의 자세를 제안합니다. 어려운 얘기처럼 들릴 것입니다. 갈림길을 택하라는 말은 가능한 한 많은 선택지를 붙들라는 의미입니다. 절대적인 예와 아니오, 찬성과 반대, 이거 아니면 저거를 요구받는 세상에서 스스로를 잃지 말라는 것이지요. 갈림길은 단지 두 길의 합이 아니라 그 이상의 것입니다. 더 다채로운 삶을 원하고 기꺼이 더 노력하며, 배우기 위해 시간을 들이는 사람들이 서 있는 자리이기도 하지요.

무엇보다도 갈림길을 택한다는 것은 분별력을 포기하지는 않으면서 모든 것과 사랑에 빠지는 사치를 누림을 의미합니다. 선택하지 않음을 선택하는 것, 인생이 언제나 강요하는 이것이냐 저것이냐에 복종하지 않기를 선택하는 것이며, 그 이상으로 나아가는 것입니다. 간단한 문제입니다. 여러 개 중 답을 하나 골라 선택을 하는 것이 아니라 그냥 선택을 하는 것이지요.

자, 어떻게 하겠습니까?

갈림길을 택하겠다면 10장으로 가세요.

두 길 중 하나를 선택하겠다면 6장으로 가세요.

4장

더 넓고 더 깊고 더 풍부하게 사는 법

균형과 조화

수세기 전에 쓰인 작은 책이 있습니다. 이 책은 인생이 짧으니 휴식은 노년기로 미루고 미래의 목표를 향해 달려가야 한다는 생각이 환상에 불과하다고 이야기합니다.

라틴어 고전에 주눅이 들더라도 걱정하지 마세요. 루키우스 안나이우스 세네카Lūcius Annaeus Seneca가 쓴《인생의 짧음에 관하여De brevitate vitae》는 구어체도 한 번씩 나오는 평이한 언어로 쓰였으며, 우리 시대의 거의 모든 인간이 공유하는 조건에 관해 이야기합니다.

스토아 철학을 대표하는 철학자였던 세네카는 서기 49년, 코르시카로 유배된 후 로마로 돌아오기 전까지 동시대 사람들의 생활 방식에 대한 모든 혐오감을 토로하면서 이 글을 썼습니다. 로마 원로원 의원이자 아내의 형제인 폼페이우스 파울리누스Pompeius Paulinus에게 부쳤던 이 긴 편지는, 쉬거나 원하는 것을 모두 하기엔 인생이 짧다고 불평을 토로하는 사람들에 관해 이야기하면서 시작됩니다. 익숙하게 들리지 않나요?

세네카는 그들을 넌지시 비꼬며 다음과 같이 썼습니다. "우리에겐 시간이 없는 게 아닙니다. 문제는 시간을 아주 많이 낭비한다는 데 있습니다."

인생은 길이가 아니라 깊이로 판단해야 하는데, 우리는 흔히 평판과 소문, 덧없는 일과 권력, 경력을 좇으면서 쓸데없는 것들에 시간과 에너지를 낭비합니다.《인생의 짧음에 관하여》를 읽으면 묘한 기시감을 받게 됩니다. 세네카는 고대 원로원 의원과 위대한 로마 작가들 이야기를 하고 있지만 실제 우리가 사는 세계, 즉 우리가 타인에게서 매일 보고 경험하는 것이 판박이처럼 묘사되었기 때문입니다.

오늘날 우리는 고대 로마인들의 삶을 이상적으로 상상하곤 합니다. 가죽 슬리퍼를 신고 로마의 돌길을 따라 느긋이 산책을 하고, 하루종일 정치 이야기를 꽃피우며 느리고 시적인 분위기에 잠겨 있는 로마인들의 일상을 떠올리곤 하니까요. 그런데 세네카는 그 시대에 가장 특권을 가진 사람들, 즉 자신과 같은 자유인들이 실제로는 스스로 규정한 역할의 노예였으며 아주 불행했다고 말합니다. 그러니까, 끝내야 할 일과 의무, 빼곡한 약속들 때문에 조용하고 여유롭게 보낼 시간을 계속 미룬 채 다음과 같은 말밖에 할 줄 모르는 사람들이었다는 것입니다. '할 일이 너무 많아서 멈출 수 없어. 은퇴를 하면 아마 쉴 수 있겠지만, 지금은…….'

지금도 그때에 비해 달라진 것이 별로 없습니다. 우리 또한 즐거움이나 휴식, 자기 돌봄을 위한 시간을 계속해서 미루고 있으니까요(은퇴를 하면 쉴 수 있겠지, 자식들이 크면 여행을 다닐 수 있겠지, 내가 더 이상 업무에 시달리지 않으면 책을 읽고 글을 쓰는 것에만 전념할 수 있겠지). 마치 인생이 우리가 통제할 수 있는 똑바로 그린 선인 것처럼 말입니다. 하지만 미래를 통제할 수 있다는 생각은 착각입니다. 당장 내일 무슨 일이 생길지 알지도 못하면서, 즐거움과 휴식, 문화생활을 미루는 것은 우리의 현재를 빈곤하게 만드는 환상에 불과하기 때문이지요. 그렇게 우리의 현재는 즐거움도 정신적 향상도 없이 피곤과 땀으로 얼룩진 시간이 되어버리는 것입니다.

우리는 인생을 살면서 은퇴할 때 마침내 상환할 공을

쌓을 수 있다고 착각하는데, 이것은 애초에 인생을 살지 않는 것과 마찬가지입니다. 그런 순간들은 손에 쥐려 하면 모래알처럼 사라지지요. 시간은 지금 잘 활용해야 하는 것이지, 쌓아둘 수 있는 것이 아닙니다. 시간을 잘 활용한다는 것은 쉬지도 않고 최대한으로 쓰는 것이 아니라, 자신을 돌보고 자신에게 다가갈 여유를 갖는다는 뜻입니다. "죽을 때가 돼서야 비로소 살 마음을 먹는다면 얼마나 늦은 것인가!"라고 세네카는 썼습니다. 현명한 결정은 만약 그것이 우리가 진정으로 원하는 것이라면 즉시 내려야 합니다. 그런 결정을 언제 올지조차 모르는 삶의 끝까지 미루어서는 안 됩니다.

세네카는 말합니다. "우리의 인생도 제대로만 배분하면 훌륭한 결과를 이룰 수 있을 만큼 충분히 길고 관대합니다. 하지만 인생을 사치스럽고 자유분방하게만 쓰고 좋은 목적을 위해서 조금도 쓰지 않는다면, 인생은 자신의 속도를 상기시키지도 않은 채 소리 없이 흘러갈 것이고, 아무도 지나간 세월을 되찾아주지 않을 것입니다. 짧은 인생을 받은 것이 아니라, 우리가 인생을 짧게 만드는 것이지요."

잘 사는 법을 아는 사람에게 삶은 넓고 깊고 풍부합니다. 그런데 어떻게 사는 것이 잘 사는 것일까요? 어떻게 하면 우리에게 주어진 시간의 좋은 보호자가 될 수 있는 것일까요?

삶의 의미를 어디서 찾아야 할까

목표를 가져야 합니다. 우리가 하고 있는 일에 의미를 부여하며 우리가 그리고 있는 미로를 인식하게 하는 무언가 말입니다. 인생이 짧다고 생각하는 건 인생을 곧은 선으로 인식하기 때문이지요. 인생은 곧은 선로가 아닙니다. 우리가 한 걸음씩 만들어나가는 미로 같은 여정입니다. 그래서 목적지에 도달하는 것이 중요한 게 아니라 그 여정의 의미를 인식하는 것이 중요합니다. 풍요롭고 행복한 삶이 반드시 아주 긴 삶이어야 하는 건 아니며, 아주 긴 삶이 반드시 행복한 삶이라고 할 수도 없는 이유가 바로 여기에 있습니다.

행복한 삶은 그 삶을 산 사람에게 의미가 있었던 삶이기에, 세상의 인정이나 많은 수입 또는 대단한 경험으로 가득 차 있어야 하는 것은 아닙니다. 충만함은 객관적인 기준이 아니라 고유한 정체성과 얼마나 잘 어울리는지에 따라 결정됩니다.

세네카에 따르면, 행복한 삶은 표면이 아니라 깊은

곳에서 산 삶이며, 특히 오늘날에 이 말은 외부적 조건을 넘어 자신의 존재 의미를 구축하는 것을 뜻합니다. 오늘날 우리의 시간은 집단적 논리가 계획하며, 온라인의 삶과 표면적 자극, 쓸데없는 잡담이 그것을 평가하고 차지합니다. 우리는 왜 그러는 걸까요? 왜 우리는 무익한 일에 시간과 에너지를 낭비할까요?

오늘날의 가장 중요한 보물은 다른 사람들의 관심입니다. 다국적 기업에서 소규모 기업에 이르기까지 전 세계 모든 기업이 그것을 두고 경쟁하고 있죠. 이런 이유로 사용자의 관심을 끌 수 있는 신경마케팅Neuromarketing 도구와 기술이 지속적으로 사용 및 개발되는 것입니다. 신경마케팅은 온라인 삶, TV 시리즈, 심지어 책에서도 찾아볼 수 있습니다. 당신의 관심은 매우 귀중한 자본이며, 하루 동안 수천 개의 다른 일들로 파편화됩니다. 소셜 네트워크의 타임라인을 스크롤 하다 보면 실제로는 수동적인 상태임에도 무언가를 하고 있는 것처럼 느껴집니다. 이런 행동은 즉각적인 만족감을 주지만 장기적으로는 좌절감과 허무함을 느끼게 합니다. 그건 당신이 찾고 있는 것을 줄 수 없기 때문이지요. 의미를 찾는 질문에 대답해줄 수 없는 것입니다.

다르게 말해, 수세기를 건너 세네카가 당신에게 말

하고자 하는 것은 의미 있는 인생을 살고 싶다면 인생의 짧음에 대한 불안을 버리고, 당신이 무엇에 관심을 쏟는지를 스스로에게 물어보라는 것입니다. "관심은 관대함의 가장 희귀하고 순수한 형태"라고 시몬 베유는 썼습니다.

당신은 하루 중 무엇에 관심을 쏟나요?

휴식을 취하고 자기 계발을 하는 데 얼마나 시간을 쓰고 있나요?

지혜를 위한 시간은 얼마나 할애하나요?

이 세 가지 질문에 대한 답을 다이어리에 써보세요. 스스로를 검열하거나 죄책감을 갖지 말고 솔직하게 답해야 합니다. 충분히 시간을 들여 답을 쓰세요. 두려워하지 마세요. 진실만을 불러오는 것입니다. 사실 세네카가 당신에게 말을 할 수 있다면 이렇게 말할 것이지만요. "살면서 어쩌다 남는 시간만 스스로의 몫으로 삼고, 다른 일에 쓰지 못하는 자투리 시간만 지혜에 할당하는 것은 부끄러운 일 아닙니까?"

텅 빈 시간이 필요하다

이탈리아의 세계적인 물리학자 카를로 로벨리Carlo Rovelli가

종종 지적하듯, 우리가 시간을 인식하는 방식은 과학과 아무 관련이 없습니다. 그것은 문화, 습관, 시대정신에서 비롯된 인간적 인식입니다. 예를 들어, 고대 그리스인들은 시간을 완전히 다른 방식으로 인식했고 시간을 설명하는 용어가 더 많았습니다. 선형 시간, 점형 시간(참조점으로 사용되는 사건들을 바탕으로 함), 종말론적 시간(여정 전체를 회고적으로 밝히고 그에 의미를 부여하는 종말을 바탕으로 함), 그리고 기회의 시간(만나고 붙잡을 단 한 순간) 등이 있었죠.

시간은 세상에 존재하는 방식, 우선순위나 일상생활을 정리하는 방식, 자신의 이야기를 하는 방식에 영향을 미치며, 그 어느 때보다도 오늘날 시간은 항상 부족해 보입니다. 다시 한 번 얘기하지만, 일상생활에서 자주 불안을 느끼는 것, 삶의 의미를 찾는 데 어려움을 겪는 것은 성과주의 사회가 만든 결과입니다. 성과주의 사회에서는 삶의 의미를 찾는 것조차 진정한 영적 양식이 아니라 상품으로 전락할 위험이 있지요.

오늘날 성과 불안은 거의 집단적 장애로 자리 잡았습니다. 인생의 유한성을 극복하려면 서둘러야 한다는 강박 때문에 사람들은 시간이 지날수록 초조해지고 불안에 시달리게 됩니다. 우리가 삶을 보는 방식은 다른 사람들의 방식, 즉 우리가 직간접적으로 배운 타인들의 시선에 영향을 받습니다. 아직 말하는 법도 배우지 못했는데 커서 무엇을 할 것인지 질문을 받고, 이런 질문은 시간이 지남에 따라 점점 더 압박감으로 다가옵니다.

우리가 인생과 하루하루를 계획하는 방식은 우리 자신보다는 사회에 크게 좌우됩니다. 이 사실이 우리에게 일종의 해방감을 줄 수 있기는 하지만, 헛된 방식으로 에너지를 낭비하는 것은 정당화될 수 없습니다. 우리는 우리 자신을 돌보는 방식에 언제나 책임이 있으며, 따라서 우리가 관심을 기울이는 것에도 책임이 있습니다.

오늘날 진정한 사치는 시간을 갖는 것입니다.

인생이 세네카가 살던 시대보다 오늘날 훨씬 더 심하게 휴식 없는 경주가 된 까닭은, 우리가 어릴 때부터 최적화하고, 채우고, 자본화하도록 떠밀린 나머지 텅 빈 시간을 부정적으로 받아들이게 되었기 때문입니다. 하지만 우리에게 이로운 시간은 채워진 시간이 아니라 자유로운 시간입니다. 한숨 돌릴 틈도 없고, 항상 생각과 할 일 목록, 의무, 요청이 가득한 상태로 살아간다면 어떤 기분일까요?

분명히 말하건대, 이 글을 쓰며 우리는 무엇보다도 먼저 우리 자신, 우리가 여러 해 함께 쌓아온 삶, 우리가 만들어낸 것, 우리에게 온 아름다운 것들에 대해 생각하고 있습니다. 하지만 우리가 글을 쓰는 바로 이 순간, 그것들은 우리를 텅 빈 시간으로부터 차단하는 장애물입니다. 결국 책이란 무언가를 설명하기 위해서가 아니라 무언가를 이해하기 위해, 자신에게 솔직해지기 위해 쓰는 것입니다. 당신이 손에 들고 있는 이 책 역시 그러한 경험의 장입니다. 그러니까, 우리는 당신에게 무언가를 가르치고 싶은 게 아닙니다. 당신이 스스로를 교육하고, 당신이 정말로 어떤 사람인지 스스로에게 묻고, 텅 빈 시간을 만드는 것이 얼마나 쉬운지를 깨닫도록 격려하고 싶은 것입니다.

자기 계발에 관련된 일을 하는 사람들이 자주 하는 조언들은 성과주의 사회에 걸맞게 우리 체질을 바꾸는 데 그 목적이 있습니다. 아침 5시에 일어나고, 잠을 줄이고, 1년 365일 동안 수천 가지 일을 해내며 수입이 획기적으로 느는 것을 지켜보라고, 그들은 떠들죠. 아마 당신은 그런 조언을 정말로 믿지는 않았을 것입니다. 하지만 당신 내면에서는 은연중에 이런 생각이 움텄을 것입니다. '네가 어떻게 해야 하는지 보이지? 네 게으름 때문에 놓치고 있는 것이 얼마나 많은지 알겠지?'

초생산적인 사람이 되는 것은 바람직하고 그렇지 못하면 어딘가 잘못됐다고 생각하는 것 자체가 거대한 집단적 착각입니다. 이 착각 때문에 수백만 명의 사람들이 고통받고 있죠. 자신이 생산적이지 않고 남들만큼 열심히 살지 않아 문제라고 생각하며 스트레스를 받고 죄책감을 느낍니다. 우리는 이 말을 꼭 하고 싶습니다. 이 시대의 정신에 적합한 특성을 가진 사람들, 즉 소통을 잘하고, 생각의 속도가 빠르며, 실용적이고 생산적인 감각을 가진 사람들이 그렇지 않은 사람들보다 반드시 더 나은 것은 아닙니다. 우리가 아는 인플루언서와 인기인, 중요 인사, 성공한 사람 중에는 그런 바른 특성을 모두 가졌지만, 바로 그 이유 때문에 거대한 새장에 갇힌 신세가 된 사람이 아주 많습니다. 세네카의 책에 나오는 아우구스투스와 키케로와 똑같은 것이지요. 이는 또한 우리가 소셜미디어 계정에서 보는 것이나, 누군가가 스스로에 대해 말한 것만으로 그들의 삶을 판단해서는 안 되는 이유이기도 합니다. 삶의 의미는 돈으로 계산할 수 있는 것이 아니며 팔로워 숫자에 달려 있는 것은 더더욱 아닙니다. 오직 자신에게 다가가기 위해 묵묵하게 길을 걷는 여정 자체에 있는 것입니다.

관조 속에 머무르기

고대 로마의 점술가들은 미래를 알고 싶을 때 그것을 현재에 나타나게 하는 방법을 알고 있었습니다. 구부러진

막대기lituus 하나로 그들은 새들의 비행을 관찰할 공간을 허공에 그렸습니다. 하늘에 그려놓은 열린 공간templum을 통해 그들이 보는 것은 미래가 현재로, 무한이 유한으로, 의미가 무의미로 침입하는 것을 뜻했으며, 그 안에서 일어나는 일들은 신의 뜻을 설명하고 미래를 알려주는 신탁이 되었습니다. templum을 통한 관찰을 의미하는 라틴어 contemplari에서 파생된 단어가 고요한 마음으로 현상을 관찰하거나 비추어 보는 관조contemplation였습니다.

무한의 공간을 유한의 공간으로 끌어들인 고대의 사제들은 계시를 받으려면, 즉 상상력과 영감, 창의성을 끌어올리기 위해서는 우리의 내면과 외부에 계시의 공간을 한정하고 그것을 통해 세상이라는 책을 읽는 법을 배워야 한다는 것을 오늘날 우리에게 알려줍니다. 그러니까 관조하기를 배우는 것, 즉 이해할 수 없는 것이 이해할 수 있는 것으로 변하는 곳의 경계를 정할 줄 아는 것이 아주 중요합니다.

그리스 로마 문화에서 진정으로 자신을 돌보기 위해서는 활동적인 삶과 관조적인 삶 사이의 균형을 찾는 것이 무엇보다 중요했고, 그 두 가지 측면은 서로 별개로, 명료하게 구별되는 상태를 유지해야 했습니다. 반면 우리가 살고 있는 세상은 활동적인 삶을 절대적으로 중요하게 여기며, 관조적인 삶은 이와 완전히 다른 어떤 것이 아니라 당신의 하루 중 완료해야 하는 과업의 하나가 되어버릴 위험이 있습니다. 우리는 철학자 한병철이 정의한 것처럼, 관조적인 삶도 해야 할 일, 완수해야 할 의무로 인식하는 왜곡된 활동주의 상태로 살고 있는 것입니다.

하지만 철학은 자유로운 시간에서 탄생하며, 그리스인들은 이를 제약이 없는 시간, 지혜와 절제sophrosyne를 함양할 수 있는 상태로 보았습니다. 오늘날 이런 자유 시간이 우리 삶에 거의 없다는 사실은 우리 인간이 삶을 보는 방식을 낳은 원인이 아니라, 그러한 방식의 결과입니다. 중요한 것은 성과를 내고, 일하고, 점점 더 많은 부를 축적하는 것이며, 이제 관조는 게으름의 징후이자 쓸모없는 것으로 생각되는 것이지요.

고대 철학자들의 자유 시간 개념은 지금의 관점으로는 쉽게 이해할 수 없고 멀게만 느껴지는 존재 모형에 기반을 두고 있습니다. 우리가 보기에 게으르고 비효율적이라고 평가할 만한 것이지요. 사실 관조적 삶은 비활동적인 게 아니라 묵상, 경청, 명상, 삶의 의미를 묻는 질문에 전념하는 데 시간을 쏟는 것이며, 그럴수록 우리는 삶의 가치를 발견하고 소명을 깨달으며 가야 할 방향을 터득하게 됩니다. 예를 들면, 다이어리에 글을 쓰는 데 집중하는 시간을 갖는 것입니다. 앞서 보았듯 종이에 글을 쓰는 것은 그런 상태로 들어가기 쉬운 방법이니 말이지요. 사실 그것 역시 의식이 활동하는 한 가지 상태입니다.

고요 속에서 묵상하고 일상 안에 짧더라도 여백의 시간을 들여놓는 것은 활동적인 삶에 모든 시간과 에너지를 빼앗기지 않고 자신을 돌보는 것을 의미합니다. 어느 하나에 우선순위를 두는 게 아니라 균형을 찾는 문제입니다. 관조적 삶을 활동적 삶에 맞추는 것이 아니라 활동적 삶을 관조적 삶에 맞춰야 합니다. 우리가 소명에 맞춰 계획을 실천하고 재능을 계발해야 하는 것처럼 말입니다.

지루함이 주는 선물

현대 사회는 효율성만큼 창의성에도 큰 가치를 부여합니다. 하지만 진정한 창의성이 발휘되는 데 필수적인 텅 빈 시간, 즉 빈둥거리면서 심심하게 보낼 시간은 결코 우리에게 허락되지 않습니다. 20세기 가장 중요한 비평가로 손꼽히는 발터 벤야민Walter Benjamin은 "지루함이야말로 경험이라는 알을 부화시키는 마법의 새"라고 말했습니다. 알이 부화하려면 시간과 기다림, 공간이 필요합니다.

우리에게 기다림이라는 개념은 점점 사라지고 있으며, 지루함은 비생산적 시간으로 여겨져 기피 대상이 되었습니다. 분석철학자 버트런드 러셀Bertrand Russell은 1930년, 지루함을 견딜 줄 모르는 세대는 필연적으로 모든 삶의 추진력이 사라진 비참한 이들의 세대가 될 것이라고 쓰며 오늘날과 같은 시대가 올 것을 이미 예상했습니다. 사람들은 지루하거나 빈둥거릴 틈 없이 디지털 기기에 언제든 접속할 수 있고 누군가와 소통하거나 콘텐츠를 소비하느라 항상 분주합니다. 이는 우리가 고요한 시간을 보내지 못하도록 만듭니다. 심리학자 애덤 필립스Adam Phillips는 이런 고요한 시간을 유예된 기대라고 정의했습니다. 아무것도 안 하고, 아무 일도 일어나지 않으며, 일어나는 일을 관찰만 하고 있는 상태라는 것이지요. 놀라운 경험을 할 수도, 그냥 심심하게 보낼 수도 있는 시간이지만, 이런 빈둥거림이 시간 낭비가 될까 봐 두려워 멍하게 앉아 자신에 대해서 또 타인의 마음에 대해서 생각할 틈을 없애버리고 있는 것입니다. 여기에 모순이 있습니다. 우리는 우리가 가진 유일한 것이 시간이라는 생각을 가지고 살고 있으며, 시간을 잘 쓰려면 그것을 최적화해야 한다고 확신하면서도 실제로는 시간을 아무렇게나 낭비합니다. 여가 시간은 결코 낭비되는 시간이 아니며, 기다리는 시간은 버리는 시간이 아닙니다. 공백은 활동적 삶에서 있을 자리를 찾지 못하는 것들, 즉 우리가 느끼지 못하는 정서, 우리가 알아차리지 못하는 감정 상태 등을 드러내주는 유일한 도구입니다. 빈둥거리는 시간은 우리가 실제로 어떤 상태인지를 이해하는 성찰과 연결되며, 어쩌면 그래서 우리는 지루함을 두려워하는 것인지도 모릅니다.

시간의 경제학은 자본주의가 아니라 자기 절제 및 조화로운 관리를 주제로 삼아야 하며, 시간과 삶을 조화롭게 관리하기 위해서는 게으름이 중추에 있어야 합니다. 특히 창의적인 사람이라면 더욱 그렇습니다. 게으름은 창의성에 반드시 필요하며, 우리는 지루함을 느끼는 순간 아이디어가 생깁니다. 무언가를 억지로 하려고 들지 말고 몸과 마음, 영혼이 시키는 대로 따라가세요. 그래야만 활동적인 삶과 관조적인 삶 사이에서 균형을 잡을 수 있으며, 그렇게 하는 방법을 배우는 것이 곧 하나의 미덕입니다.

새로운 균형

멈추지 못하는 사람, 일과 거리를 두지 못하는 사람은 아무것도 끝내지 못하는 사람과 비슷한 상황에 처해 있는 것입니다. 극과 극처럼 보이겠지만 두 경우 모두 중용을 찾기 어려워하는 것이 문제입니다. 중용을 찾는 것은 고대 그리스에서 아주 높게 평가하던 미덕이며 우리가 잃어버린 감각입니다.

고대 그리스인들은 그것을 소프로시네sophrosyne, 즉 절제라고 불렀습니다. 중용은 우리가 행동하는 시간과 생각하는 시간 간의 산술 평균이 아니라 우리의 여정을 따라 변화하며 늘 새롭게 균형을 잡아나가는 과정으로서, 우리는 매 순간 중용을 지키는 법을 배워야 합니다.

이탈리아의 철학자 줄리오 조렐로Giulio Giorello가 책 《사대 덕목Le virtù cardinali》에서 쓴 것처럼, 수세기 동안 회화적 예술이 절제를 묘사한 방식은 흔히 목가적인 풍경, 푸른 하늘, 평화와 균형, 한 물병에서 다른 물병으로 물을 옮겨 붓는 평온한 여성들 등과 연관되어왔습니다. 신경써야 할 수천 가지 일들 사이에서 항상 버둥대고, 서두르며, 빈번히 부정적인 감정의 희생양이 된다면 어떻게 우리가 그런 이미지 속에 있는 스스로를 상상할 수 있을까요? 사실 절제는 단순히 충동과 감정을 조절하는 게 아니라 살아 있고 구체적이며 항상 새로운 균형을 이루는 무언가입니다. 왜냐하면 그것은 인간을 구성하는 매우 복잡한 바다와 관련이 있기 때문입니다.

절제하다라는 뜻의 temper는 말 그대로 '혼합함'을 의미하며 시간을 뜻하는 라틴어 tempus에서 파생된 것입니다. 그러니까 절제한다는 것은 자신의 특성을 없애거나 욕망을 숨기는 것이 아니라, 우리를 구성하는 모든 요소를 혼합하는 것을 의미합니다. 우리의 특성, 활동적 삶과 관조적 삶, 우리의 감정, 우리의 욕망 등을 어우러지게 만드는 것이지요. 자기 돌봄 과정에서 절제를 기르는 것은 통제보다는 이 혼합과 밀접한 것으로, 우리에게 셀 수 없이 많은 특성과 성격이 있으며 이것이 잘못된 게 아님을 깨닫는 것을 의미합니다. 버려야 할 특성 같은 건 없습니다. 관리해야 할 것이 있을 뿐입니다.

나만의 보폭 찾기

이 장을 읽는 동안 당신은 개화 다이어리에 무언가를 적어 내려갔을지도 모릅니다(그랬기를 바랍니다). 이번에 우리는 당신에게 신체 운동을 제안하려고 합니다. 철학은 결코 몸과 분리된 것이 아니기 때문입니다.

편한 옷으로 갈아 입고 산책을 나가보세요. 책을 덮고, 이어폰을 귀에서 빼고, 운동 중에는 휴대전화를 확인하지 마세요. 대문 밖에 나서면 아무 생각 없이 걷기 시작하고 자신만의 속도와 보폭을 찾아보세요. 속도를 높였다가 낮춰도 보고, 아주 느리게 걷다가 조금 더 속력을 내 걸으면서 자신에게 맞는 보조를 찾을 때까지 여러 번 시도해보세요. 알맞은 보조를 찾으면 가능한 한 오랫동안 걸어보세요. 때때로 리듬을 놓치거나, 속도가 느려지거나, 속도를 높이고 싶은 마음이 들 것입니다. 이러한 변화를 받아들이고 멈춤과 움직임 사이의 균형을 찾으려고 노력해보세요. 그렇게 하는 동안 당신이 딱히 별다를 것 없는 곳에서 걷고 있다는 사실과 이 운동 덕분에 그 장소를 마치 처음처럼 관찰할 수 있다는 사실을 생각해보세요.

당신의 보조에서 절제를 찾았다는 느낌이 들면(삶에서 균형을 찾으려 할 때 겪는 것과 크게 다르지 않은 과정입니다) 집으로 돌아가서 책을 다시 펼치세요.

이 운동의 목적은 다음과 같습니다. 시간을 불안 없이 더 깊이 경험하기 위해 노력하는 것, 절제는 승화가 아니라 물리적인 것으로서 목표를 달성하고 인정받아야 한다는 강박으로부터 당신을 해방시키고, 익숙한 일상을 다시 재발견할 수 있는 올바른 수단임을 깨닫는 것입니다. 철학자 프레데리크 그로Frédéric Gros는 다음과 같이 썼습니다. "걷는 것은 스포츠가 아닙니다. 걷기는 단지 한 발을 다른 발 앞에 내딛는 애들 장난같이 쉬운 행위입니다. 어떤 결과도, 수치도 없는 것이지요. 어떤 길을 걸었는지, 어떤 경로의 경치가 가장 좋은지, 어떤 곳에서 어떤 전망을 즐길 수 있는지는 오직 걷는 사람에게 달려 있습니다."

삶의 핸들은 우리 손에

오늘날 우리가 자기 인식을 중요하게 여기는 반면에 자기 돌봄과 절제는 아예 기억하지도 못하고 계획하지도 않게 된 까닭은, 융이 의식 일신론monotheism of consciousness이라고 부른 것이 지난 수천 년 동안 발전되었기 때문입니다. 우리는 하나뿐인 자아, 절대 변하지 않는 고정된 모습으로 자신을 인식합니다. 그 결과 내면의 다양함을 표현할 방법을 잃어버렸을 뿐 아니라 부조화, 좌절감까지 경험합니다.

고대의 문화에서 인간을 특징짓는 도구는 세세하게

칸을 나누어 채워 넣는 표가 아니라, 한 사람에게 공존하는 다양한 유형의 에너지의 스펙트럼으로 여겨졌습니다. 모든 사람의 내면에는 두드러지는 특징이 있지만, 자신 안에 있는 다양한 에너지를 관찰하고 이 에너지가 조화를 이룰 수 있도록 하는 것이 목표였습니다.

융의 심층심리학depth psychology 연구를 진행한 제임스 힐먼James Hillman은 이런 이유로 심리적 다신론psychological polytheism과 그리스 정신으로의 회귀가 필요하다고 이야기했습니다. 그리스 신들, 즉 그리스인들이 인간의 특징을 이야기하기 위해 만들어낸 여러 인물과 그들의 특징은 모두 당신의 일부이고, 당신이 하루 동안 갈아입는 옷들이며, 모두 당신 안에 있는 에너지입니다. 이렇게 여러 특징을 모두 갖고 있지만 오늘날 우리는 스스로를 당당하기만 하거나, 쾌활하기만 하거나, 변덕스럽기만 하다고 생각합니다. 그런데 우리 각자가 갖가지 재료를 섞어 만든 독특한 칵테일과 같은 존재라면, 각 사람 안에는 모든 신들이 공존하고 있을 겁니다(알다시피 이 신들은 자주 다투고 전쟁을 벌이지요). 이것을 이해하고 나면 우리 안의 여러 특징 중 하나가 우위를 차지하거나 삶을 독점하지 않도록 하는 것이 쉬워집니다. 그러니까 절제의 덕을 기르기 위해서는 자신의 모든 재료를 숨김없이 내놓아야 합니다. 절제란 유동성을 만드는 일, 과도한 것들 사이에서 조화를 찾는 일이니까요.

자신의 열정을 통제하고 분별하는 능력은 자신의 열정이 무엇인지 이해한 이후에만 가질 수 있습니다. 스토아 철학자들(에픽테토스, 세네카, 마르쿠스 아우렐리우스)이 권하는 식욕의 절제는 식욕을 이해하기 전에는 할 수 없는 것입니다. 다르게 표현하자면, 불을 다스린다고 하려면 먼저 불이 켜져 있어야 하고, 다스린다는 건 꺼뜨리지도, 모든 것을 태워버리지도 않게 하는 것인데, 불을 아예 꺼버리고는 다스렸다고 한다면 당신은 쌀쌀하고 메마르고 생기 없는 삶을 살아간다는 뜻이지요.

자신을 다스리는 것은 억압하는 것이 아니라 중재하고 조율하는 것입니다. 그것은 플라톤의 《대화》에 등장하는 날개 달린 말 두 마리가 끄는 마차를 모는 마부의 역할과 같습니다. 의미 있고 풍요로운 삶을 살고 싶은 사람이라면 날개 달린 말 두 마리를 끄는 마부처럼 자신 안의 서로 다른 특성들을 잘 어르고 조절할 수 있어야 합니다.

철학은 항상 열망을 다스리는 것에 관해 이야기를 해왔는데, 이것이 검열과 억압으로 잘못 인식되는 경우가 많았습니다. 사실 절제는 모든 것을 위한 적절한 때를 알고, 여러 가지 특성들을 선불리 판단하거나 제거하지 않은 채로 각 특성들 사이에서 균형을 잡아가는 것입니다. 살다 보면 우리는 혼자 있고 싶을 때도, 다른 사람들과 함께 있고 싶을 때도 있습니다. 중독 없이 즐기는 법과 강박관념 없이 일하는 법, 활동적 기간과 관조의 기간을 적절히 조정하는 법을 배울 수도 있습니다.

기독교 문화는 좋은 삶을 향하여 함께 나아갈 길을 그리기 위해 절제라는 철학적 개념을 받아들였지만, 철학은 무엇이 좋은 것인지 스스로에게 물어보게 하는 반면에, 종교는 그것에 관해 면밀한 규율을 내놓는다는 점에서 철학적 접근법과 종교적 접근법은 서로 다릅니다. 철학자는 생각합니다. '지금 이 순간 나에게 좋은 것은 무엇이지?' 무슨 규칙처럼 반드시 물어야 하는 것은 아니지만, 그래도 한번쯤 물어볼 만한 질문입니다. 어떤 것이 누구에게나 똑같은 수준으로 좋거나, 인생의 모든 순간에 늘 좋거나 하지는 않습니다. 무엇이 악덕이고 무엇이 미덕인지, 무엇을 가치로 삼고 무엇을 따르지 않을 것인지는 당신에게 달려 있습니다.

그렇다면 절제심이 있는 사람은 어떤 사람일까요? 강한 열망을 갖고 있으면서 그것에 휘둘리지 않으려고 노력하는 사람입니다. 예를 들어 고대 철학자들이 절제를 강조했다고 해서 그들에게 열망이 없던 것은 아니었습니다.

그들이 쓴 책에는 짜증과 분노 등 여러 가지 열렬한 감정들이 담겨 있지요. 우리가 열정적이기 때문에 절제는 우리 손이 닿지 않는 곳에 있다고 생각해서는 안 됩니다. 오히려 이러한 열정을 깊이 받아들여, 우리가 가진 에너지를 낭비하지 않고 잘 분배하고, 어떤 방향을 따라가기 위해 우리 안의 연료를 사용할지 분명히 하는 것입니다.

자신을 다스리는 상태란 금욕하고, 에너지 분산을 피하고, 다른 것을 끌어내기 위해 무언가를 제거하고, 에너지를 계속 흐르게 두거나 다시 흐르게 하는 것을 의미할 수도 있습니다. 그건 영화 〈메리 포핀스Mary Poppins〉에서 굴뚝 청소부 버트처럼 바람의 방향이 바뀌는 때를 알아보는 능력입니다. 그러니까 수학적 공식이 아니라 매번, 매 순간 새로운 균형을 찾는 기술이지요. 여정에 의미를 부여하는 분명한 목표를 갖고, 그 목표를 잊지 않으면서도 즐기는 것입니다.

아르메니아 출신 괴짜 철학자이자 무용 선생 게오르기 이바노비치 구르지예프Georges Ivanovič Gurdjieff는 인간은 본질적으로 광적(활동 과잉, 완고함, 모든 것을 통제하고자 하는 성향)이거나 방랑하는(정확한 방향이 없고 무질서함) 경향이 있다고 주장했습니다. 그리고 그는 발전 가능성이 있는 사람은 사실 이탈리아어로 거주자를 뜻하는 obyvatel

이라고 말했습니다. 이 단어는 보통 '가정의 좋은 아버지'로 번역되지만 러시아어에서는 깔보거나 조롱하는 의미로 자주 사용됩니다. 특별한 사람이라기보다는 단지 상식이 있는 우직한 사람을 의미하기 때문입니다. 바꿔 말하면, 자신이 하는 일에 대해 제한적이기는 해도 명확한 관점을 가진 평범한 사람을 말하지요. 번번이 길을 잃더라도 다시 찾아내는 사람이며, 뛰지도 멈춰 서지도 않지만 자신만의 보폭과 리듬으로 우직하게 걷는 사람입니다. 이런 사람이야말로 자신의 감각과 조화를 이루고, 멈춤과 움직임을 함께 유지하며 자신의 길을 개척해갑니다.

프레데릭 그로가 걷기는 스포츠가 아니라고 말했듯 책 읽기 또한 스포츠가 아닙니다. 은유적 의미와 문자적 의미 모두에서 기호를 해석하는 기술이지요. 이제 당신이 나아갈 곳을 선택하세요.

6장 또는 12장으로 가면 됩니다.

5장

우리는 모두 변화무쌍한 다발이다

자아의 다양성

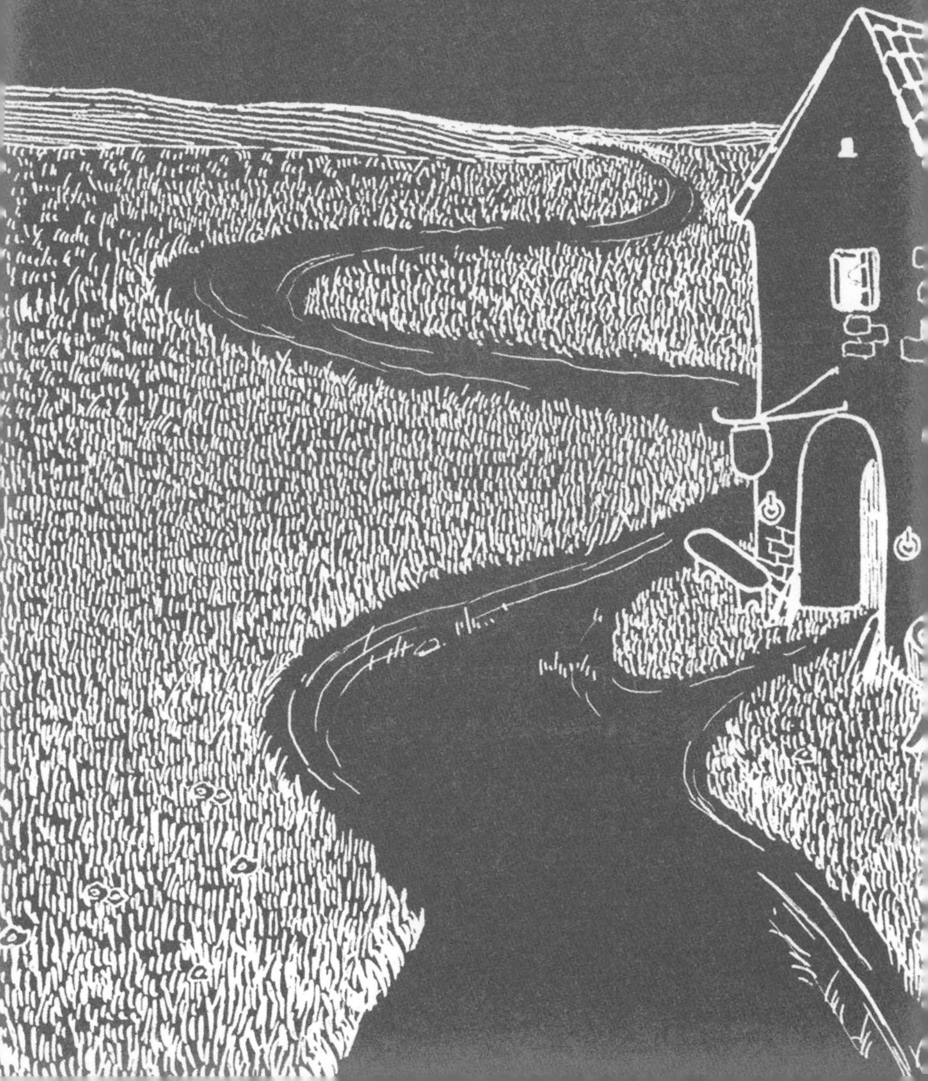

자신을 알아가는 것을 소홀히 해서는 안 됩니다.

우리는 태어났을 때부터 우리 자신이 항상 일관성 있고 스스로를 잘 자각하며 둘 또는 그 이상의 자아를 갖지 않는 고정불변의 개체라는 말을 들어왔습니다. 하지만 그것은 착각입니다. 종교는 수천 년에 걸쳐 그것이 착각이라고 얘기했으며, 오늘날 생물학과 신경과학은 점점 더 많은 증거를 내어놓고 있습니다. 인간의 몸은 약 37조 개의 세포로 구성되어 있으며 이 세포들은 계속해서 탄생하고 죽습니다. 단순히 물질적 차원에서도 우리는 고정불변의 존재가 아닙니다. 표피 세포는 약 4주에 한 번씩 완전히 재생되고, 적혈구는 4개월마다 재생된다는 과학적 사실을 떠올려봐도 그렇지요.

심리학적 차원에서도 삶의 모든 결정을 명쾌하게 내리는, 항상 일관되며 단일한 자아에 대해 설명하기란 불가능합니다. 우리는 자신이 누구인지 잘 모릅니다. 그리고 이는 우리가 자신을 변화무쌍한 다발로 인식하지 않고 고정불변하는 단 하나라고 착각하기 때문에 발생합니다. 인간의 정신에는 다양한 욕망들이 혼재하며 여러 개의 자아가 깃들어 있습니다.

우리 내면 깊숙한 곳에 우리와 접촉할 수 있고 우리가 해야 할 일도 늘 알고 있는 영구불변의 핵심이자 본질, 즉 진정한 자아가 있다는 생각은 이론일 뿐입니다. 우리는 우리의 정체성을 이루는 핵심이 존재하는지 어떤지 알지 못하며, 설령 있다 하더라도 과학적 실험으로 증명 가능한지 어떤지조차 모릅니다. 하지만 우리는 그것이 존재한다는 느낌을 받습니다. 환상일 수 있지만, 우리 각자 속에 뿌리를 내린 이런 정체성은 심오하고 이상하리만큼 유용합니다. 이런 느낌 덕분에 우리는 영적인 경험을 하고, 삶의 노선을 구축하며, 우리에게 맞지 않는 일을 하고 있다는 걸 깨달았을 때 과감히 길을 바꿀 수 있습니다. 하지만 우리는 과학이 지금까지 보여준 유일한 것이 '우리가 변화무쌍한 다발'이라는 것을 잊어서는 안 됩니다. 우리 안에는 여러 개의 자아가, 여러 개의 목소리가 혼재하며 우리가 경험하는 것과 기억하고 말하는 것 사이에는 큰 차이가 있습니다.

과학과 철학을 가로지르는 사상가이자 생물철학의 선구자인 대니얼 데닛Daniel Dennett이 확언한 바와 같이, 자아는 서사적 중력의 중심center of narrative gravity입니다. 자아는 "행동, 말, 갈망, 불평, 약속 등 그저 매우 복잡한 집합체로 남아 있었을 것에 단일성과 의미를 부여하며 그것을 한 사람을 구성하는 것으로 만들기 위해 가정된 허구"입니다. 자아는 자신에게 말을 하는 행위 덕분에 우리 기억의 요소들을 끌어 모으고 통합하는 힘을 가진 가상의 인물입니다. 만약 자신이 파리에 갔던 것을 기억한다면 그걸 기억하는 것은 뇌와 시냅스가 아니라 나라는 자아이며, 거짓말을 하면 입과 성대가 아니라 자아가 한 것입니다. 자아는 자신의 몸과 말, 생각으로 하는 모든 것에 책임이 있습니다. 비록 실수나 잘못을 저질렀을 때 '내가 평소 같지 않았다', '제정신이 아니었다'라고 둘러대더라도 말이지요.

하지만 자신의 행동을 정당화하고 그런 식의 정당화를 스스로에게 이야기하는 것까지 가능해지려면 자신의 특정한 이미지를 안정적으로 유지시키는 요소들만 선택해야 합니다. 그리고 우리는 일관성이 없는 스스로의 모습을 보도록 하는 것은 기억에서 꾸준히 제거해버립니다.

겉으로 보면 우리는 단일한 유기체지만 정말로 그렇지는 않습니다. 어떤 사람을 관찰할 때 우리는 그 사람이 특정한 환경에서 자랐고 특정한 취향과 경향이 있고 특정한 성격이 있다고 확신하게 됩니다. 그가 고정불변의 존재라고 믿어 의심치 않죠. 하지만 그 누구도 하나의 자아만을 갖고 있지는 않아요. 그 사실은 과거 어느 때보다 더 확실해졌지요. 우리는 순간적으로 통제실을 장악한 욕망, 충동, 감각에 언제든 사로잡힐 수 있고, 스스로에게 일어나는 모든 일을 이야기하도록 부추기는 세상에서 스스로의 다양성을 정면으로 바라볼 수밖에 없습니다.

당신 안에서 중요한 결정이 내려지는 내면적 대화의 장소인 통제실을 상상해보세요. 당신은 사실 그 통제실에 있었던 적이 없습니다. 우리의 내면 속에는 여러 개의 자아가 서로 부딪히며 모순된 욕망들이 혼재합니다. 그들은 결코 합의를 이루지 못하고 대개는 서로를 제대로 알지조차 못하죠.

카를로 로벨리는 저서 《헬골란트Helgoland》에서 관계들이 우리의 물질적·비물질적 세상 전체에 어떻게 정보를 전달하는지 이야기하며 이를 물리적으로 훌륭하게 설명합니다. 우리의 정치적, 사회적, 문화적, 영적 삶에 있어서 모든 진보는 관계들에서 비롯됩니다. 자신이 자유롭고 다른 이들과 다르다고 믿던 이 과학자의 자아도 현재의 성찰과 신경과학 및 양자물리학의 발견에 비추어 보면 사실 이런 관계망, 즉 네트워크들의 네트워크 속 단순한 물결 하나에 완전히 둘러싸여 있다는 것입니다.

자아는 본질적으로 복잡한 체계이며 지각, 기억, 감정, 본능의 제어를 포함하는 많은 상호의존적 기능 모듈이 조직화되어 나타납니다. 이러한 서로 다른 모듈 간의 상호작용을 통해 우리는 언제나 새롭고 점점 더 복잡해지는 문제들에 명확하고 기능적이며 혁신적인 대응을 생각해낼 수 있는 것입니다. 쉽게 말해, 우리가 지금까지 효과적으로 세상의 도전에 대처하고 계속 그렇게 하는 데 필요한 능력을 갖게 된 것은 바로 우리의 정신적 다양성 덕분입니다.

러시아의 수학자이자 철학자인 P.D. 우스펜스키P.D. Ouspensky는 20세기 초에 그의 스승 G.I. 구르지예프의 이론에서부터 시작해 인간은 하나의 독자적인 큰 자아가 아니라, 거의 항상 서로 단절되어 있는 끝없이 다양한 작은 자아들을 갖고 있다고 설명했습니다. 이런 자아들 중 일부는 서로 적대적이며 낮 동안 다른 자아들이 결정할 수 있는 여지를 갖는 걸 허용하지 않습니다. 우리 내면에는 런던 하이드 파크의 스피커스 코너Speakers' Corner와 같은 장소가 있습니다. 일요일 아침, 어떤 사람이든 무대에 올라가 대중 연설을 할 수 있는 곳이지요. 그러니까 우리가 자아에 대해 말하거나 생각할 때마다 사실 우리는 연설을 위해 우리 내면의 강단에 올라와 있는 매번 다른 자아를 지칭하고 있는 것입니다. 그리고 우리 내면의 연설은 하이드 파크에서처럼 일요일에만 있는 것이 아니라 정말 모든 순간에 일어납니다.

각각의 자아는 자신이 '전체', 즉 나의 이름으로 불리는 유일한 개인 그 자체라고 믿습니다. 그래서 각 자아는 약속을 하고, 결정을 내리고, 다른 자아 또는 '전체'가 해야 하는 일에 동의하거나 동의하지 않는다는 생각을 합니다. 우스펜스키는 사람들이 거의 지키지도 않는 결정을 자주 내리는 이유가 바로 이 때문이라고 설명합니다. 계획을 이행하는 데 방해가 될 것은 아무것도 없을 것이라고 굳게 믿으며 절대적인 확신을 갖고 결정을 내리고는 조금 뒤에 그전의 마음 전부를 부정하는 자신을 발견한 일이 당신은 몇 번이나 있었나요?

새로운 언어 공부, 새로운 식사 스타일, 일상생활에 추가할 만한 새로운 좋은 습관 등, 이런 모든 선택은 당신의 자아 집단 하나가 단결하여 당신이 그런 결정을 내리도록 부추긴 것입니다. 하지만 이후 그 모든 동기는 희미해져 과거의 막연한 추억이 되어버립니다.

우리에게 이런 일은 운동을 할 때 자주 일어납니다. 몇몇 아침에는 자아 집단 하나가 데카트론 가방을 비우고 새로운 운동을 시작하거나 오후에 달리기를 하러 가라고 자극합니다. 하지만 그 자아들은 몇 시간 후 이미 하루를 관리하는 일에 지쳐버리고, 좀 더 센 자아들이 그 자리를 다시 차지하며 당신에게 옛 습관을 불러옵니다. 때로는 운동을 하고 싶어 한 자아를 비판하기도 하면서 말이죠.

순간적으로 권력을 잡는 이런 자아들 때문에 우리는 세상에 관한 우리의 생각, 그리고 우리의 목표와 전혀 일치하지 않는 길을 가고 있음을 알아차리는 경우도 있습니다. 약속을 하고, 떠나거나 머물고, 결혼하고 헤어지고, 그 순간에 그곳을 지나가던 단 하나의 자아 때문에 엄청난 결정을 하고, 결국 힘이 없고 순진한 다른 모든 자아들의 존재 전체에 영향을 미치게 됩니다. 그 순간부터 그들은 내가 내린 그 사악한 선택에 복종하지 않을 수 없죠. 우리는 우리 자신이 단 하나의 것이라는 착각 속에 살고 있기 때문에 그런 작은 자아는 우리의 존재를 너무도 잔인하게 기울어뜨릴 수 있습니다.

우발적인 작은 자아의 빚을 청산하기 위해 삶 전체가 흘러간다고 우스펜스키는 썼습니다. 오스트리아의 작가 로베르트 무질Robert Musil은 메아리치듯 비슷한 말을 했지요. "성숙한 나이에, 어떻게 지금의 자신이 되었는지, 어떻게 자신의 기쁨을 찾았는지, 어떻게 자신의 세계관을 갖추게 되었는지, 어떻게 자신의 아내를 찾게 되었는지 등을 아는 사람은 거의 없습니다. (…) 무언가가 마치 그들의 인생에 파리 끈끈이처럼 작용했던 것입니다."

만약 당신이 몇 년 또는 평생 동안 당신의 모순적인 모습에 스스로를 질책하며 그것은 당신의 문제이고 다른 사람들은 항상 무엇을 해야 할지 알고 있다고 생각해왔다면, 이제 그건 인간의 구조적인 문제라는 것을 깨달으면 됩니다. 우리로 하여금 평가 오류를 범하게 하는 정신적 자동 현상인 인지 편향 같은 것이지요. 해결이 불가능한 것은 아닙니다. 사실 개인 개화의 과정도 이에 관한 조치를 하고자 하는 목적이 있지만, 무엇보다 먼저 우리는 그것을 자각할 수 있어야 합니다.

두 개의 신화가 있습니다. 구르지예프의 마차 신화와 플라톤의 날개 달린 마차 신화입니다. 이 신화들은 인간의 삶을 주인이나 관리인이 없는 집에 비유하고, 자아들은 그 집을 차지하고 할 일을 완전히 잊어버린 수많은 하인들에 빗대어 이야기를 합니다. 해야 되는 일을 아무도 하고 싶어 하지 않고, 모두가 한 순간이라도 주인이 되려고 하며, 이런 무정부 상태에서 이 집은 더 심각한 위험에 직면해 있습니다.

이런 위험에 어떻게 대처를 해야 할까요? 어떻게 하면 그곳에 살고 있는 많은 자아들 간에 건강하고 유익한 화합을 이루어낼 수 있을까요?

구르지예프의 마차

구르지예프에 따르면, 인간은 영원한 잠의 상태에서 살고 있습니다. 즉, 자기 자신을 알지도, 자신이 사는 세상을 지배하는 힘을 알지도 못합니다. 자기 인생의 방향 또한 스스로 결정하지 못하고 본능과 신분에 좌우됩니다. 진정한 목적이 없고, 인생이란 그에게 우연히 일어나는 어떤

것입니다. 구르지예프의 작품은 신비주의와 난해한 분위기에 둘러싸여 있지만, 20세기 전반에 그가 말한 것은 오늘날 많은 과학자, 특히 뇌와 감성 지능, 합리성을 다루는 이들이 주장하는 것과 크게 다르지 않습니다.

구르지예프는 저서《실제 세계의 전망Views from the Real World》에서 인간을 지배하는 복잡한 역학과 각각의 욕구를 조화롭게 풀어내지 못하는 우리의 무능을 설명하기 위해 마차의 이미지를 사용했습니다. 마차는 육체를 나타내고 마차를 끄는 말들은 감정과 욕망을 상징하며, 마부(합리적 사고)가 마차를 몰고 승객을 인도하며, 승객(자아)은 마부에게 어디로 갈지를 이야기합니다.

마차가 움직이고 특정 방향으로 이동하려면 이 모든 부분들이 협력하고 통제되어야 합니다. 구르지예프는 말들이 지난 세월 동안 너무 많은 구타와 꾸지람을 당해 이제는 눈과 관심을 감각의 만족을 위해서만 쓴다고 이야기합니다. 이는 우리가 감정과 욕망에 귀를 기울이는 대신, 그것들을 나무랄 때 일어나는 일입니다. 감정과 욕망은 선택할 수 없고 오직 그 소리를 들을 수만 있습니다. 우리는 무엇이 우리를 신나게 할지 결정할 수 없고, 그 감정에 비추어 행동할지 말지를 결정할 뿐이지요. 그것들에 귀를 기울이는 대신 감정과 욕망을 완전히 잘못된 것이라고 비판한다면, 그 결과는 해방이 아니라 완전한 동일시일 것입니다. 감정과 욕망을 고려하지 않고 억압하는 것은 감정과 욕망들을 학대하고 결국 우리를 그것들과 더욱 동일시되게 만들며, 우리가 진정으로 우리의 길을 선택하는 것을 방해합니다.

얼핏 보면 어디로 갈지 아는 유일한 인물처럼 보이는 마부도 사실은 정보를 처리하고 행동을 할 수는 있지만 감정을 느끼거나 선택을 내릴 수 없는 지성을 나타냅니다. 각 부분은 다른 부분을 필요로 하는데, 사실 인간 내면에는 어디로 가야 할지 명확히 아는 승객이 없습니다. 그 자리를 차지하는 자아들은 사실 계속해서 교대하고, 바로 이런 이유로 결국 우리는 일어나는 일을 받아들이기에 그치며, 외부 세상이 우리 삶을 완전히 지배하는 것입니다.

그러니까, 우리 존재의 설계는 우연 또는 사회적 역학에 의해 결정됩니다. 우리는 우리에게 생겨나는 일을 하고 우리에게 우연히 나타난 반려자와 시간을 보내며, 사회적 역학은 우리로 하여금 가짜 성격, 가짜 정체성을 갖도록 이끕니다. 우리가 실제로 구축한 것이 아니라 우리가 자라온 환경, 우리가 받아온 자극, 미디어와 사회적 조작의 산물인 우리 자신의 이미지 말이지요.

그 결과는 이 아주 복잡한 마차가 언제나 같은 도로, 즉 이미 알고 있는 매끄럽고 아스팔트가 깔린 표면으로 다니게 된다는 것입니다. 항상 최저 속도로 항상 같은 선로를 달리는 기차같이 여정은 지루하고 단조로워지며, 자신만의 미로 같은 길을 그리는 대신 원을 그리며 돌고 있다는 것을 깨닫습니다. 구르지예프는 인간 내면에 울퉁불퉁한 비포장 길을 따라가는 데 쓸 수 있는 윤활유가 있지만 마차를 운전할 줄 아는 사람이 아무도 없기 때문에 그것이 쓰이지 못한다고 생각했습니다. 모험을 하고 미지의 것을 발견할 잠재력이 있는 사람이 집 앞마당에 멈춰 선 채 있는 것입니다. 그의 본질은 그저 마당에서 가꾸어지기를 기다리고 있습니다. 바로 이런 이유로 인간은 자기 삶의 의미를 찾지 못하고 불만 속에 사는 것입니다.

이는 고대 철학자들이 말하던 것과 크게 다르지 않습니다. 우리의 아주 복잡한 몸은 훈련과 매일의 수행(비포장길)을 받아야 하지만, 우리의 게으름은 우리가 모든 에너지를 드러내는 것을 방해합니다. 우리는 인생이 짧다고 계속 불평하지만, 항상 같은 지점 주위를 계속 돌면서 에너지를 얼마나 낭비하고 있는지는 깨닫지 못합니다. 그리고 구르지예프의 이런 말은 2천 년 전에 세네카가 쓴 것과 신기하리만큼 유사합니다. "인간은 잠들어 있고, 그의 의식은 최면에 걸려 혼미합니다. 그는 자신이 누구인지, 왜 행동하는지 알지 못합니다. 그는 일종의 기계, 자동 기계입니다. 모든 것을 '우연히 발생하는' 것으로 받아들이지요. 자신의 생각, 감정, 상상, 관심을 거의 통제하지 못합니다. 사랑하고, 갈망하고, 미워하고, 원한다고 믿지만 유성처럼 나타났다가 사라지는 이러한 충동의 진정한 동기를 결코 알지 못합니다. 정말로 단일한 자아를 갖고 있다고 믿으며 '나는 누구다', '나는 무엇을 한다', '나는 원한다'고 말합니다. 자기 삶을 다스릴 수 있다고 생각하지만 자신이 모르는 힘의 지배를 받는 꼭두각시입니다. 주관적인 세계에서 모든 시간을 보내며 그곳을 벗어나지 못합니다. 현실과 상상을 구별해내지 못합니다. 쓸데없는 것을 좇으며 자신의 에너지를 낭비합니다. 그리고 오직 가끔가다 자신이 만족하지 못하고, 인생은 새어 나가고, 주어진 기회를 날리고 있다는 것을 깨닫습니다."

마차의 각 부분은 다른 부분과 연결되어 있습니다. 마부와 말들을 연결하는 고삐부터 말들을 마차에 연결하는 멍에까지, 인간은 어떻게 조종해야 할지 모르는 완벽한 기계와 같습니다. 사실 승객은 가고 싶은 곳에 대한 막연한 생각만 있을 때가 많습니다. 마부는 그곳에 어떻게 가는지를 모르고, 말들은 (추정되는) 방향으로 나아갈 만큼 훈련이 잘 되어 있지 않으며, 마차는 여기저기에서 부품을 잃어버립니다. 즉, 비유에서 벗어나자면 우리 존재가 가야 할 길을 가리켜주는 안정적인 자아 집단이 없다는 것입니다. 우리의 지성은 혼란스럽고 자아 집단이 표현한 의지를 실현하기 위해 지능과 논리를 사용하는 방법을 모릅니다. 우리는 감정과 감각, 연료와 선택 수단에 대해 자각하지도, 통제하지도 못하지요. 우리 몸이 인식의 도구로 적절하게 훈련되지 않았다는 것입니다. 요컨대, 구르지예프가 내놓은 이 시나리오는 모든 점에서 희비극적이며 우리는 그 무지한 주인공입니다.

데닛이 말하는 서사적 중력의 중심이 정신적·감정적

경험의 바다를 통합하고 해독하는 것을 목표로 하는 것이라면, 구르지예프가 만들도록 권하는 것은 영구적 중력의 중심입니다. 이탈리아의 가수 프랑코 바티아토가 노래했듯, 그것은 자신이 더 이상 사물과 사람에 대한 생각을 손바닥 뒤집듯 바꾸지 않도록 할 것입니다. 영구적 중력의 중심은 자신을 알아가는 위대한 여정에서 일어나는 결과의 문제이지, 출발 조건의 문제가 아닙니다. 출발 조건은 우리 삶의 통합성의 결여, 우리의 영원한 우유부단함, 우리의 모든 부분을 다스리지 못하는 무능함이지요.

어떻게 자신을 다스려야 할까

의심의 여지가 없습니다. 구르지예프는 마차의 이미지를 묘사하는 데 플라톤이 《파이드로스》에 쓴 날개 달린 마차 신화로부터 영감을 받았음이 틀림없습니다. 플라톤은 영혼의 본질을 상징들을 통해 이야기하기로 결정하는데, 영혼의 본질을 정의하기 위해서는 인간의 능력보다 뛰어난 것이 필요하기 때문이었습니다. 그러니까, 플라톤은 영혼을 날개 달린 말 한 쌍과 그들을 이끄는 마부의 힘을 합친 것으로 상상해보라고 합니다.

신들이 부리는 말과 기사들은 모두 뛰어나며 좋은 혈통을 이어받았지만, 인간의 영혼이 부리는 말들은 한 마리는 훌륭하고 성격이 좋지만 다른 한 마리는 그와 정 반대입니다. 이런 이유로 인간의 마차를 모는 것은 어렵고 문제가 많습니다.

이 시점에서 불멸의 영혼(신의 영혼)과 필멸의 영혼(인간의 영혼)의 차이점을 설명하면 도움이 될 것입니다. 신의 영혼은 높은 곳을 날아다니며 세상을 다스립니다. 세상을 관찰하지만 그로 인해 오염되지는 않습니다. 신들은 자신의 무리를 인간의 영혼이 보지도 못하는 환상과 진화를 향해 이끌며, 하늘의 가장 높은 곳에 도달합니다. 인간의 영혼은 지상 세계를 초월하는 이 여행에서 신들의 영혼을 따라가지만 이내 날개를 잃고 단단한 어딘가에 떨어질 때까지 가차 없이 추락합니다. 그곳에서 그들은 지상의 몸으로 살아 있는 존재가 되며 결혼을 합니다. 플라톤이 관심 있는 부분은 날개가 왜 떨어지는지를 설명하는 것입니다.

날개의 기능은 무거운 무언가를 신들의 공동체가 사는 곳을 향해 들어 올리는 것입니다. 본질적으로 영혼에는 신성한 무언가가 있고 이런 신성한 본질을 키우기 위해서는 아름다움, 지혜, 선함 등 모든 동종의 미덕을 먹여야 합니다. 신성한 무리의 길을 따르려고 노력해야 하는 것이지요. 반대로, 불의와 심술, 악덕을 먹으면 영혼은 부패하여 날개를 잃고 추락합니다.

신들의 말 한 쌍은 균형이 잡혀 다루기가 쉬운 반면, 인간의 말 한 쌍은 그렇지 못해 아래로 떨어지지 않도록 항상 애를 써야 합니다. 심술궂은 말이 땅을 향해 몸을 당겨 마부의 일을 힘들게 만들기 때문이지요. 인간 영혼의 마부는 마차 머리를 하늘의 가장 높은 곳을 향해 올렸다가도 사방에서 끌어당기는 말들에 정신이 없어 마차 머리를 내립니다. 신의 길을 따라가는 데 필요한 힘은 이리저리로 밀려 흩어지는 것입니다.

인간의 마차는 서로를 추월하려고 하기 일쑤이며 결국은 넘어져 서로에게 짓밟히게 됩니다. 마차를 모는 게 힘이 들고 불규칙할 뿐만 아니라, 결국 혼란과 싸움을 일으키고, 많은 이가 날개를 잃습니다.

이 이야기를 듣는 사람들의 가장 흔한 반응 중 하나는 심술궂은 말을 가지고 있다는 사실에 낙담하는 것이지만, 흥미로운 점은 플라톤에 따르면 모든 인간에게 의욕과 추진력이 있는 좋은 말도 있다는 것입니다.

사실 이 이야기를 할 때 우리는 보통 말들에 관심을 기울이지만, 플라톤은 아주 교묘하게도 마차 운전이 어려운 것은 여정에 적합하지 않은 인간의 구조 때문이 아니라 말들을 통제해내지 못하는 무능함 때문이라고 설명합니다.

그러니까 우리는 말들 대신 말을 다스릴 수 있는 사람인 마부에 초점을 맞춰야 합니다. 길을 잃거나 말들을 해치지 않고 마차를 운전해 여정을 이끄는 목적을 가진 건 바로 이 인물입니다. 마부의 역할은 구르지에프의 이야기에서 집사가 맡는 역할과 비슷합니다. 의무를 잊어버리고 본능만 따르는 하인들이 차지한 주인 없는 집의 집사 말이지요. 그는 집에 사는 모든 사람들 간에 질서를 세우고 그들에게 주인의 목소리를 다시 불러올 수 있는 인물입니다.

우리가 정말로 이렇게 할 수 있다면, 그러니까 우리 삶을 이끄는 능력을 계발할 수 있게 된다면, 우리는 심술궂은 말을 더 이상 비판하지 않을 뿐 아니라 말 두 마리는 서로에게 박차를 가하게 될 것입니다. 그들은 공간과 관리가 필요한 서로 다른 에너지를 나타내기 때문이지요.

비유에서 벗어나 이야기하자면, 사실 플라톤은 인간의 영혼을 세 부분으로 구분합니다. 이성적인 부분, 성미가 급한 부분, 욕망하는 부분이지요. 이 마지막 정신적 힘이 가장 강력한 것입니다. 갈망과 본능적 욕구의 즉각적인 만족으로 인간을 밀어붙이는, 머리가 여럿 달린 괴물이지요. 바로 검은 말입니다. 반면 흰 말은 용기와 충동, 의지력과 연관된 성미가 급한 영혼을 나타냅니다.

마부(셋 중 육체적으로 가장 약하지만 유일하게 방향을 생각하고 유지할 수 있는 존재)는 충동을 다스리고 길을 안내하는 것을 목표로 하는 이성적인 영혼을 나타냅니다. 그는 날개가 달린 것이 착한 말뿐 아니라 말 한 쌍이라는 사실에 주의해야 합니다. 갈망 및 욕구와 연관된 검은 말을 제거하는 것은 날개 하나를 제거하는 것이며, 적절한 추진력도 잃게 됨을 뜻하는 것입니다.

검은 말을 교육하는 데에서 얻는 교훈은 인간의 독점적인 특권입니다. 원래 불멸의 신은 다른 종의 말을 돌본다고 결코 성장하지는 못할 것입니다. 인간의 불완전성, 그 자신의 한계는 자아들을 가꾸는 과정을 이행하기 위한 열쇠입니다.

우리는 역사의 흐름 속에서 플라톤의 글을 피상적으로 해석함으로써 만들어진 이성과 열정 간의 분명한 이원론에 빠지는 것을 경계해야 합니다. 우리는 이성의 구원적 역할과 열정의 구원적 역할을 모두 인정함으로써 플라톤 신화를 받아들일 수 있습니다. 인간은 신이 될 수는 없지만 그 내면에 숭고하고 아름답고 선한 부분이 있으며, 자신만의 균형을 찾는 과정에서 이 자질들은 우리를 계속해서 따라다닙니다.

구르지예프의 신화와 플라톤 신화는 모두 용기로의 초대입니다. 우리가 다른 장에서 보았듯, 행복하려면 용기가 있어야 하기 때문이지요. 자신을 내놓지 않고서는 행복해질 수 없습니다. 용감하기 위해서는 연약해야 합니다. 미지의 것에 완전히 마음을 열지 않고서는 용기를 갖지 못합니다. 연약해지려면 실패를 받아들여야 합니다. 넘어질 위험이 없는 연약함은 없습니다. 실패를 받아들이려면 불행을 환대해야 합니다. 결국 바닥을 치지 않는 넘어짐은 없습니다.

그러니까, 행복해지기 위한 첫 번째 단계는 불행을 피해야 할 곳이 아니라 출발점으로 삼는 법을 배우는 것입니다. 불행의 존엄성을 인정해야만 우리는 완전히 행복하고 만족할 수 있습니다.

당신은 몇 개의 자아로 살고 있나

배우 로베르토 베니니Roberto Benigni와 마시모 트로이시Massimo Troisi가 출연한 영화 〈우리는 울어야만 해Non ci resta che piangere〉의 한 장면을 떠올려봅시다. 두 명의 시공간 여행자가 피렌체 시뇨리아의 경계를 지나가는데, 곧게 선 경비 요원이 계속해서 질문을 하는 것입니다. "당신들 누구입니까? 어디서 오셨습니까? 뭘 가지고 계십니까? 어디로 가십니까? 1플로린입니다!"

그들은 경계를 넘을 때마다 세관원에게 검문을 받았고 비용을 지불해야 했습니다. 이 장면은 관료제의 우스꽝스럽고 무자비한 태도를 지적해 보이고자 했지만, 우리의 여정에서 매우 유용하게 쓰일 수 있습니다. 당신의 과거를 떠올려보고 당신이 몇 명의, 어떤 주인공의 역할을 맡았는지, 그리고 지금도 매일 맡고 있는지를 생각해보세요. 그들을 공연의 등장인물인 것처럼 면밀히 살펴보세요. 그런 다음 다음의 질문에 대답해보세요.

당신은 몇 명인가요? 그리고 무엇보다도, 누구인가요? 각각의 인물에 이름을 붙여줄 수도 있습니다. 각 자아는 자신이 어떤 역할을 연기하고 있는지를 깨닫지 못하며 자신을 그것과 완전히 동일시하기 때문입니다. 전문가, 친구, 관리자, 남편, 자매, 변호사, 위장병 전문의, 점원, 인플루언서 등 말이죠.

이건 단순한 놀이가 아니며 글로 써보는 것에 그쳐서는 안 됩니다. 당신이 하루 동안 얼마나 많은 인물을 연기하고 얼마나 많은 모순된 욕구를 갖는지에 주의를 기울여보세요. 당신이 몇 명의 자아를 가지고 살고 있는지를 제대로 가늠해보는 거지요. 처음에는 약 한 시간 동안 주의를 기울여보고, 그다음은 아침 내내, 그 다음은 하루 종일 해보세요.

자신의 내면에 세관원을 배치해 본부에 접근하는 자아들을 관찰하고 그들에게 질문하기를 잊지 말자는 것입니다. "당신은 누구입니까? 어디서 오셨나요? 무엇을 가지고 있나요? 어디로 가시나요? 1플로린입니다!"

니체는 자아란 '많은 영혼들의 사회적 구성'이라고 정의하며 인간이 겪을 심리적 다양성의 역학을 예상했습니다. "개인이 가진 여러 개의 힘은 번갈아가며 자아로서 앞으로 나오며, 마치 어떤 주체가 영향 및 결정으로 가득한 외부 세계를 바라보는 것처럼 다른 힘들을 바라봅니다. 주체는 한 지점에 있기도 다른 지점에 있기도 합니다." 주체가 여러 장소, 즉 모든 인간에 깃들어 있는 힘들 사이를 계속해서 옮겨 다닌다는 말입니다. 니체는 설명했습니다. "나는 하나이면서 동시에 여럿이고, 변화하면서 그대로 남아 있으며, 알고, 느끼고, 바라는 존재만이 나의 유일한 태생적 현실이라는 것을 이해합니다."

즉, 니체는 하나이거나 여럿이 아니라 하나이면서 여럿인, 자아의 역설적인 존재 방식을 얘기하고자 한 것입니다.

한 사람의 다양성에 관한 니체의 생각은 테오뒬 리보Théodule Ribot와 피에르 자네Pierre Janet 등 프랑스의 의사 및 철학자들의 저작에서 차용되었습니다. 이에 관해 트리에스테국제고등연구소SISSA의 연구원인 스테파노 카날리Stefano Canali는 온라인 잡지 〈프시코아티보Psicoattivo〉에 다음과 같이 썼습니다. "이 정신의학자들은 정신병리학에서 시작해 정신 및 의식을, 심지어 건강한 것들까지도 여러 자아의 불안정한 집합체, 여러 정신적 존재의 식민지, 여러 사고 과정의 일시적인 해류에 의해 동시에 통합되고 분리되는 의식이라는 섬들의 군도라고 묘사했습니다. 이 의식 체계는 복잡하고도 섬세한 구성, 대조, 절충 과정을 통해 결합된 정신적 연합에 의해 계속 재구성되는 불안정한 균형을 기반으로 합니다. 어떤 개인이 드러내 보이는 자아는 그 순간 가장 강한 자아이자 하나의 정신 속에 공존하는 의식의 개체들을 연합하는 특정 시기에 가장 유능한 자아입니다."

우리는 우리의 통제실을 쥐락펴락하기 위해 뭉쳤다가 흩어지는 수많은 자아들 간 연합의 결실입니다. 한 사람의 내면에서 일어나는 각각의 연합은 서로 다른 심리적 균형을 만들어내며, 그런 균형은 언제나 일시적입니다. 그리고 리보와 자네가 정의한 것처럼 이렇게 권력을 잡는 자아 연합들이 서로 부딪칠 때 정체성 문제가 발생합니다.

이탈리아의 작가 안토니오 타부키Antonio Tabucchi도 소설 《페레이라가 주장하다》에서 이에 관한 이야기를 합니다. 카르도소 박사가 포르투갈 기자에게 의사-철학자의 역할과 그들의 자아 연합 이론을 설명하는 부분이지요.

이 계몽 철학적 관점에 따르면, 사람은 누구나 자신이 셀 수 없이 많은 스스로의 자아들에서 분리된 하나라고 믿는다고 합니다. 하지만 이런 접근은 사실 환상에 불과합니다. 기독교 전통의 유일한 영혼 개념과 연관된 순진한 상상의 산물이지요.

그와 반대로, 리보와 자네의 말에 따르면 우리의 내면에는 주도적 자아의 통제 하에 다양한 자아들이 살고 있습니다.

타부키의 소설에서 카르도소가 설명한 우리의 존재 방식인 정상성normality은 우리 삶의 전제가 아니라 결과일 뿐이며, 우리의 자아 연합을 압도할 수 있었던 가장 힘센 자아가 행사하는 통제에 달려 있습니다. 이것 또한 일시적인 것이지요. 주도권을 잡기에 더욱 적합한 또 다른 자아가 나타나면 우리 내면의 정치적 시나리오는 다시 바뀌기 때문입니다.

우리의 내면은 '군단'과도 같다

우스펜스키는 인간은 일종의 다수이며 그 이름을 군단이

라고 썼습니다.

그리고 군단은 마르코, 마태오, 루카 복음서에 나오는 거라사인Gerasenes 지역에 도착해 예수를 만나는 한 악귀가 든 사람의 이름이기도 합니다. 예수가 그에게 물었습니다. "네 이름이 무엇이냐?" 그가 대답했습니다. "내 이름은 군단입니다. 다수이기 때문이지요." 그러고는 예수에게 자신들을 그 지역 바깥으로 쫓아내지 말라고 끈질기게 간청했습니다. 그곳에는 산에서 풀을 뜯던 큰 돼지 떼가 있었습니다. 악귀들이 빌며 말했습니다. "우리가 돼지 안으로 들어가도록 해주소서." 예수는 그것을 허락했습니다. 더러운 귀신들이 사람 몸에서 빠져나와 돼지 안으로 들어갔고, 돼지 떼는 바다에 돌진하여 뛰어들었습니다. 그 수가 거의 2천 마리였고 모두 바다에 빠져 죽었습니다.

돼지 2천 마리는 작은 수가 아니지요. 여러 해석에 따르면, 이 복음 구절은 산의 신성함과 대조되는 돼지의 더러움이라는 주제를 넘어 한 인간이 자기 내면에 2천 마리의 동물을 미치게 만들 만큼 많은 수에다 강력한 악귀(오늘날 우리가 자아라고 부를 수 있는 것)들을 지니고 있을 수 있음을 지적하고 있습니다. 이는 우리가 가진 일종의 초능력이며, 우리가 셀 수 없이 많고 거의 항상 서로 대항

관계에 있는 욕구들과 공존하도록 합니다.

예수가 구마를 행하는 걸 본 지역 주민들의 반응은 아주 흥미롭습니다. 모든 것을 본 주민들은 다른 사람들에게 그 악귀가 들었던 사람과 돼지들에게 일어난 일을 이야기해주었습니다. 그 소식이 널리 퍼지자 주민들은 예수에게 이 지역을 떠나달라고 간청하기 시작했습니다. 그들은 예수의 능력이 두려웠고 죽은 돼지들이 아까웠습니다. 구원의 비용은 만만치 않습니다. 세속에 얽매인 평범한 사람들에게는 귀신 들린 사람의 생명을 구하고 악귀를 쫓는 예수보다 돼지 2천 마리와 귀신 들린 사람과 함께 있는 게 더 나았던 것입니다. 이것이 그 복음 구절의 마지막 깨달음을 한 문장으로 압축한 것입니다.

그런데 이런 군단은 어떻게 만들어지는 것일까요? 리보와 자네가 이야기한 자아의 집합은 어떤 방식으로 형성되는 것일까요? 그건 바로 서로 비슷한 자아들을 불러 모으는 일련의 사건을 통해 만들어집니다. 본질적으로, 일상생활은 전적으로 외부 요인들에 의해 결정됩니다. 고의라는 건 존재하지 않습니다. 상황을 풀어나가기 위한 첫 걸음은 이런 다양한 자아의 존재를 알아차리는 것, 그리고 우리는 언제나 마지막 자아로 살고 있다는 사실을 깨닫는 것입니다. 우리는 자신이 언제나, 그리고 오직 현

시점에 우리 안에 있는 관점에서 비롯된 '전체'라고 믿습니다. 자신은 사실 지금 이 순간까지 함께 살아온 셀 수 없이 많은 자신의 측면 중 하나이며, 얼마 안 가 또 다른 자아에게 그 자리를 내어줄 것을 알아차리지 못하는 것입니다.

모든 사람에게는 좀 더 강한 자아가 있습니다. 다른 자아들보다 모습을 더 자주 드러내는 경향이 있는 것들이지요. 하지만 그런 자아들이 의식적으로 선택된다거나 다른 자아들보다 개화 과정에 더 유용하기 때문인 것은 아닙니다. 그들은 단순히 현재의 정신적 바탕을 이룬 여러 사건 및 외부 자극의 우연한 산물입니다. 그런 다양성을 인지하고 또 다른 미덕인 일관성을 재발견하기만 해도 우리는 풍요로운 삶의 미로를 설계해나갈 수 있습니다.

일관성, 새로움을 환대하는 힘

우리는 계속 집중력을 잃습니다. 말 그대로, 인생의 중심에서 분리되어 밖으로 빠져나오는 것입니다dis-tractus. 우리는 경계에 붙들려 있으며, 이는 우리가 세상에 있는 것과 실제로 만나는 것을 방해합니다. 그런 산만한 구역에서 벗어날 수 있는 유일한 방법은 일관성의 힘을 재발견하는 것입니다.

일관성은 사실 아주 멋진 단어입니다. 일관성을 뜻하는 이탈리아어 coerènza는 라틴어 cum haerere에서 비롯된 것으로, 이는 직역하면 '함께 수용함'을 뜻합니다. 일관성이 있다고 함은 꾸준함을 말할 때가 아니라 자신 전체를 고려하면서 무언가를 할 때입니다.

그러니까, 당신이 과거에 해온 대로만 행동하지 않고, 어쩌면 갓 탄생했을지도 모르는 당신의 각 부분에 공간을 제공하고 귀를 기울이며 신경을 쓸 때 당신은 일관성이 있다고 할 수 있는 것입니다. 이것이 일관성의 가장 깊은 의미입니다. 피상적으로만 보면 항상 같은 일을 반복하는 것이 일관성 같겠지만 그렇지 않아요. 영국 작가 올더스 헉슬리Aldous Huxley는 생각이나 도덕적 결정을 할 때 항상 일관적이고 싶어 하는 인간은 걸어 다니는 미라이거나, 활기가 완전히 죽지 않았다면 편집광이라고 썼습니다. 진정한 일관성은 매일 새로워져야 하는, 자신과의 즐거운 합의입니다. 그것이 바로 행복의 비결이지요. 스스로를 혹사할 계획을 세워 자신의 삶을 힘든 비즈니스로 만드는 것과는 전혀 관련이 없습니다.

그러니까 일관성이 있으려면 자신의 새로운 면을 발

견했을 때 잘 관찰하고 자신을 알아가는 것을 결코 멈추지 않아야 합니다.

이곳은 아주 중요한 갈림길입니다. 다른 갈림길들은 중요하지 않다는 게 아닙니다. 모든 갈림길이 중요하지요. 하지만 이번에는 다른 때보다도 조금 더 주의를 기울이려 해보세요.

질문을 원하시나요? 11장으로 가세요.
답을 원하시나요? 6장으로 가세요.

6장

재능을 따르는가, 소명을 따르는가

재능과 소명

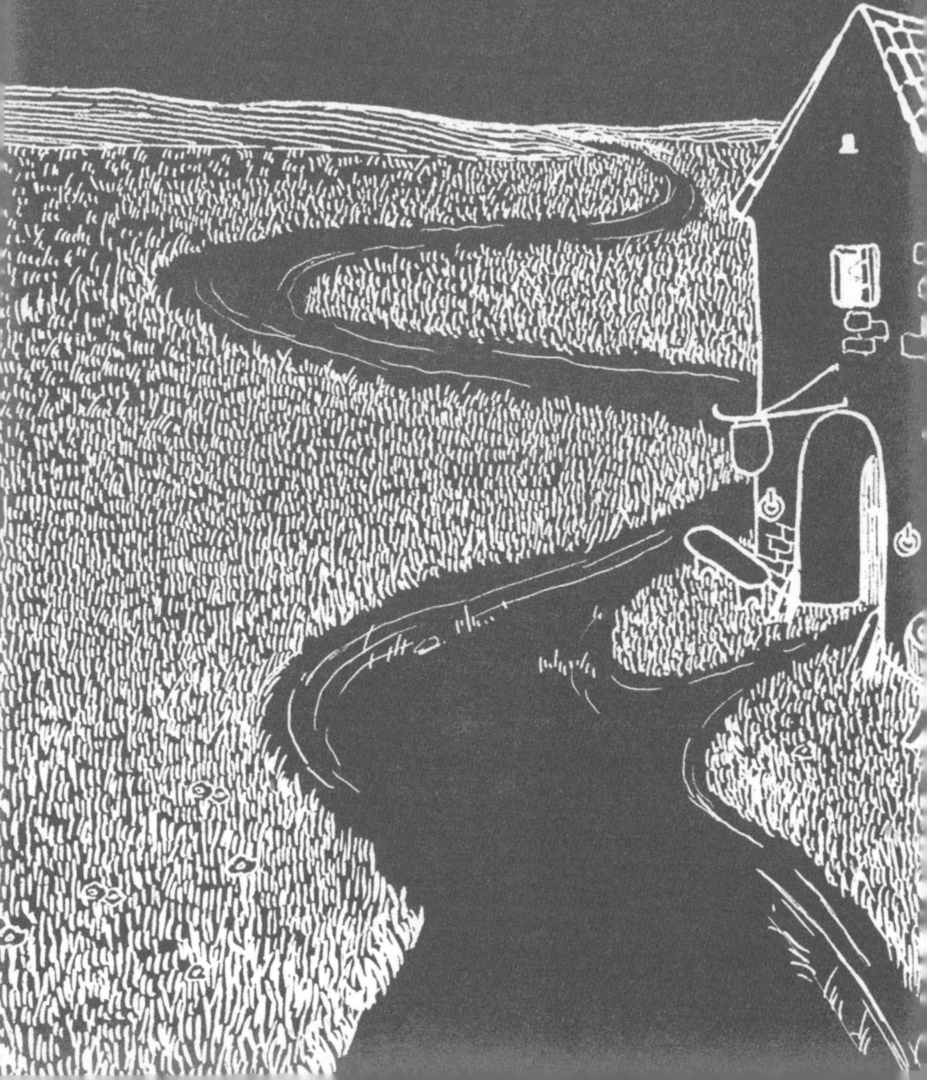

우리는 어렸을 때부터 압박감 속에 살고 있습니다. 사람들은 우리에게 커서 뭘 하고 싶은지, 결혼은 하고 싶은지, 아이를 갖고 싶은지를 묻고, 스포츠나 음악, 연기, 수학에 재능이 있는지를 알아보려 합니다. 재능에 대한 이런 강박적인 관심과 질문 세례는 우리 내면에 불안 상태를 만들어내며, 이는 우리 삶의 고정 값이 됩니다. 그리고 우리는 어른이 되어서야 이런 사실을 깨닫게 되지요.

많은 사람이 주변인들의 관심과 채근에 혼란스러워하는 반면, 결단력 있고 똑똑한 어떤 이들은 곧장 두드러지는 재능을 보이며 이를 아주 잘 받아들이고 살아갑니다. 하지만 이것이 그들이 꼭 운이 더 좋다는 것은 아닙니다. 그들은 스스로 진로를 선택하는 것이 아니라 다른 사람들이 만들어준 길을 따라갈 위험이 있기 때문이지요.

반면 개화하는 법을 배우는 것은 스스로의 길을 개척하는 법을 깨닫고, 자신 안에 견고한 뿌리가 있다는 걸 느끼는 동시에 자신을 드러내고 아낌없이 모든 잠재력을 발휘하는 자유를 누리는 것을 의미합니다. 우리가 개화를 거듭 이야기하는 것은 모든 사람은 저마다 고유한 꽃이며 봉오리를 터뜨리는 시기가 제각기 다르기 때문입니다. 떡갈나무더러 포플러가 되라고 강요하거나 포플러더러 떡갈나무가 되라고 할 수 없는 것이지요. 다른 한 인간을 위해 우리가 할 수 있는 가장 좋은 일은 그가 자신의 깊은 소명을 이해할 수 있도록 돕는 것입니다.

재능에 대한 집착을 내려놓기

재능에 대한 집착은 자신에게 재능이 없다고 느끼는 사람들에게 많은 자책감을 유발하고, 한자리에 붙박여 움직이지 못할 것 같은 느낌을 받게 합니다. '특별한 재능은 없지만 이런 나에게도 부르심이나 이 삶에서 완수해야 할

과제가 있을 거야. 하지만 정말 내게 아무 재능이 없다면 이런 기대는 희망 고문이겠지. 내가 뭘 할 수 있겠어?'

의미가 있는 삶은 언제나 재능을 기반으로 한다는 생각은 현실과 전혀 연관이 없는 거대한 집단적 암시입니다. 크리에이터 에밀리 와프닉Emilie Wapnick이 《모든 것이 되는 법》에서 썼듯, 대부분의 사람들은 뛰어난 재능을 갖고 있지는 않지만 다양한 잠재력이 있습니다. 관심사가 많아 여러 개 중에 선택을 못 해내는 것뿐입니다. 그래서 일생을 사는 동안 직업과 진로를 몇 차례 바꾸곤 하지요. 이는 전혀 나쁘거나 특이한 것이 아닙니다. 특히 거의 모든 사람의 상황이 이렇기도 하니 말입니다.

위와 같은 집단적 암시는 도구와 목적을 혼동해서 발생합니다. 재능은 자신을 표현하고 진로를 따라가는 데 쓸 수 있는 도구이지만, 소명과 혼동되어서는 안 됩니다. 우리는 재능을 기르고, 강화하고, 방치하고, 저버릴 수 있지만 재능은 언제나 도구로 남아 있는 것이며, 그래서 자유로우면서도 제한적인 것입니다. 분명 당신은 탁월한 재능 때문에 엇나간 사람들의 이야기를 수십 가지는 알고 있을 것입니다. 생각해보면 그렇게 강력한 도구는 행복을 배가하는 것이 되거나, 다른 무언가가 뒷받침하지 않는다면 불행을 배가하는 것이 되기가 쉽습니다.

트레킹 여행이나 산티아고 순례길 걷기를 하고 있다고 상상해보세요. 훌륭한 신발을 신고, 다리는 단련되어 있고, 시야가 아주 멀리까지 트여 있습니다. 모두 걷기를 위한 훌륭한 도구이지만 어디로 갈지가 마음속에 명확하지 않고, 왜 거기에 가는지를 스스로에게 묻지 않으면 쓸모가 없는 것들이지요. 어쩌면 당신은 산티아고 순례길은 가고 싶지도 않았고 비행기 조종이나 춤 등을 배우고 싶었는지도 모릅니다. 재능은 차이를 만들고 여정을 용이하게 할 수 있지만 그 자체가 여정은 아닙니다. 재능이 할 수 있는 최선은 당신이 하고 있는 일에 도움이 되고, 갈 길을 좀 더 쉽게 만들며, 예상외의 일을 피하는 것입니다.

정말로 중요한 것은 부르심, 즉 소명을 받았다는 느낌이며 그것은 모든 인간에게 고유한 것입니다. 정리하자면, 소명을 갖는다는 건 세상을 구원하거나 특별한 일을 하라는 부르심을 받는 게 아니며, 당신을 슈퍼히어로나 슈퍼히로인으로 만드는 것도 아닙니다. 반면 소명에 귀를 기울이면 당신이 받은 느낌을 바탕으로 자유로운 선택을 할 수 있습니다. 소명을 따르면 다른 사람들이 보기에 제정신이 아니고, 무의미하고, 비생산적이라고 생각할 수 있지만 당신에게는 의미가 있는 선택을 할 수 있습니다. 당신의 다른 여러 부분과 당신의 감정, 당신이 희망하는 바는 빠뜨린 채 재능으로 곧장 당신을 데려가는 일자길을 따라가는 게 아니라, 당신만의 미로를 설계하는 것입니다.

이는 표면적으로는 재능을 포기할 때 일어나는 일입니다. 마치 최대한으로 활용해야 하는 자본을 낭비하는 것처럼 보이지요. 하지만 재능을 포기한다는 건 그 도구가 당신 인생의 그 순간에는 유용하지 않음을 알아차리는 것뿐입니다. 게다가 영원히 포기하는 것이 아니라 일시적으로 놓아버리는 일이며, 그것이 심지어는 고통 없는 해방이 될 수도 있습니다. 재능이 있으면 왜 꼭 그걸 계발해야 한다고 할까요?

부모와 학교, 사회는 당신에게 재능을 좇으라고 하며 선형적이고 합리적인 방식으로 그것을 쓰라고 권합니다. 당신은 어떤 재능을 갖고 있나요? 악기 연주를 아주 잘하면 음악가가 되어야 하고, 그림을 아주 잘 그리면 예술가가 되어야 하지요. 하지만 만약 도구가 목적이 된다면 그것은 당신의 개화 여정을 곤란하게 하는 방해물이 될 수 있고, 당신을 인정 욕구와 평판, 직장 내 권력관계에 의존하게끔 만들 수 있습니다. 뛰어난 음악적 재능은 예를 들면 의미 대신 인정과 성공을 좇도록 이끌어 당신을 강박적인 사람으로 만드는 파괴적인 것이 될 수 있습니다. 마찬가지로, 특별히 잘하지 못하는 일을 하면서 재미를 느끼고 살아 있음을 실감할 수도 있습니다. 직업이 될 일은 없지만 우리에게 살아 있다는 감각을 일깨워주는 것이지요.

우리가 가진 다양한 재료들

여러분 각자가 다양한 재료가 있는 식료품실을 가지고 태어났다고 상상해보세요. 누군가는 밀가루가 좀 더 많고, 누군가는 설탕이 더 많고, 누군가는 소량으로 모든 재료를 다 갖고 있을 수 있습니다. 재능은 요리에 쓰이는 특정 재료의 양이지만 그것이 요리의 맛, 요리를 준비하며 투입하는 의미, 요리를 먹는 방식을 완전히 결정하는 것은 아닙니다.

우리는 평생 동안 식료품실에 있거나 없는 재료에 집착하느라 다른 것들을 보지 못합니다. 엄청난 양의 밀가루를 가지고 있다고 해서 반드시 밀가루를 사용해야 하고 그렇게 할 줄 아는 것은 아니듯, 특정한 재료가 있다는 이유만으로 (망칠 위험이 있음에도) 그걸 쓰도록 스스로에게 강요하는 것은 자기 파괴에 해당합니다. 자신이 가진 것이든 갖지 못한 것이든 자신에게 더 이상 필요하지 않은 것을 자신과 동일시한다면 그것을 다루는 건 어렵고 때로는 고통스럽지요.

유명 셰프들이 가르치는 것과 같이, 요리에서는 기본적으로 맛과 향 사이의 균형, 여러 부분 간의 조화를 찾는 것이 중요합니다. 우리를 움직이게 하는 의도, 우리가 요리를 하기로 결심한 이유보다 우리가 사용할 수 있는 것(재료, 기술, 도구)에 집중하는 것은 별 도움이 안 됩니다.

개화의 여정은 식료품실이 얼마나 가득 차 있는지가 아니라 가지고 있는 것으로 요리하는 법을 배우는 것에 초점이 있습니다. 식료품실이 가득 차 있으면 더할 나위 없겠지만, 장은 언제나 보러 갈 수 있지요. 지금 갖고 있지 않은 재능을 언제든 계발할 수 있다는 것입니다.

올바른 위치에서 하고 싶은 일을 하는 것

소명은 재능을 이용할 수는 있지만 재능이 꼭 필요한 것은 아닙니다. 그것은 우리가 올바른 일을 하고 있을 때 느껴지는 감각이며, 도착점과는 아무 관련이 없습니다. 재능은 키워지고 훈련되고 모습을 드러내기를 원하는 반면, 소명은 고요한 침묵의 순간들을 필요로 합니다. 그렇지 않으면 소명은 모습을 드러낼 수 없기 때문입니다. 주의를 기울여야 비로소 의미가 명확해지는 문제처럼 말이죠.

한번은 워크숍 중 한 여교사가 이 감각을 마치 물속을 유영하는 물고기 같은 느낌이라고 표현했습니다. 지금 이 순간, 당신이 올바른 위치에 있으며 당신 삶의 어느 단계에서 정확히 당신이 하고 싶은 일을 하고 있다는 느낌인 것입니다. 소명의 길 위에서는 어느 순간 당신이 하는 일로부터 순수한 즐거움을 얻을 수 있고, 성공이나 돈, 인정 등 나머지는 모두 군더더기가 됩니다. 도달해야 할 결승점이나 얻어야 할 보상이 있는 게 아니기 때문입니다.

하지만 소명은 단번에 찾아내고 끝낼 수 있는 답이 아니라는 것을 유념해야 합니다. 스스로에게 더 이상 의문을 제기하지 않아도 되는 완벽한 직업 또는 완벽한 반려자가 아닌 것입니다. 그보다는 순간순간 당신의 상태가 어떤지를 알려주는 나침반에 더 가깝습니다.

어떤 시기에 당신은 어떤 길과 일치됨을 느꼈다가 몇 미터 못 가서 길을 잃을 수도 있고, 삶을 어떻게 쌓아왔는지를 뒤돌아봐야 할 필요성을 느낄 수도 있습니다. 이는 수고로운 과정이지만, 그럼에도 스스로에게 떳떳하게 자신만의 미로를 설계하고자 준비하는 것을 의미합니다.

자신이 소명을 따르고 있는지를 스스로에게 묻는 것은 구글맵에서 길을 확인하는 것하고는 다릅니다. 그것은 당신이 하는 일의 성과에 따라 달라질 객관적인 답을 요구하는 고정된 경로가 아니라, 오직 당신만이 정직하게 대답할 수 있는 하나의 질문이기 때문입니다.

개인 개화에 관해 이야기를 할 때 객관적인 외부 반응이라는 건 없습니다. 개화는 의심하고, 질문하고, 감정 및 신체적 감각에 귀를 기울여야 하는 자기 수련의 과정입니다. 그렇기 때문에 타인의 선택과 인식은 때로는 직관적일 수 있지만 실은 언제까지나 수수께끼로 남게 마련입니다.

과정이 전부다

고대 철학의 가르침 중 우리 것으로 만들어야 하는 것이 또 하나 있습니다. 바로 도착점보다도 과정을 중요시하는 것입니다.

우리가 흔히 도착점이라고 간주하는 것은 사실 존재

하지 않습니다. 포기와 진로 변경들로 이루어진 미로 같은 길에는 오직 여러 단계가 있을 뿐입니다. 그리고 그것들은 인간의 숫자만큼이나 다양합니다.

호르헤 루이스 보르헤스가 쓴 것처럼, 세상을 설계하겠다는 마음을 먹은 인간은 결국 그 공간을 여러 지방과 왕국, 산, 만, 배, 별, 말, 사람들로 채우게 되며, 죽기 직전에야 그 모든 선들, 즉 기호들로 이루어져 인내를 필요로 했던 그 미로가 바로 자신의 얼굴 모습을 그리고 있다는 것을 발견합니다.

오늘날 우리는 잡지 표지 사진 등의 외부 모형에 맞추지 않아도 되는, 있는 그대로의 진정한 우리 얼굴을 찾을 자유가 얼마나 있나요? 그걸 발견할 시간이 얼마나 있나요?

자신을 돌보기 위해서는 텅 빈 시간이 필요합니다. 심호흡을 하고 방향을 되짚어보는 시간이지요. 이 방향은 지적, 감정적, 영적, 육체적인 것으로, 고대인들은 인식하고 키웠지만 우리는 제쳐두고 있는 감각입니다.

그건 비용 편익 계산이나 장단점의 목록, 어떤 합리적인 선택이 아니라 내면의 안내자입니다. 소크라테스가 다이몬에 관해 이야기할 때 느끼던 것으로, 그에게 하지 말아야 할 것과 가지 말아야 할 길을 알려주던 것이었지요.

우리는 이미 책《착한 소녀에서 벗어나세요Liberati della brava bambina》에서 카를로스 카스타네다의 다음과 같은 글귀를 인용했습니다. "모든 길들은 똑같습니다. 어디로도 데려가지 않습니다. 당신 자신에게 물어보세요. 이 길에 마음이 있는가? 있으면 좋은 길이고, 없으면 쓸모가 없습니다. 두 길 모두 아무 데도 데려가지 않지만 하나에는 마음이 있고 다른 하나에는 없습니다. 한 길은 즐거운 여행으로 이끌 것이며 그 길을 따르는 한 당신은 그것과 하나가 될 테지만, 다른 길은 당신의 삶을 저주하게 만들 것입니다. 하나는 당신을 강하게 만들고 다른 하나는 당신을 약하게 만듭니다."

페이스북 뉴스피드는 대개 이미지들로 가득 차 있습니다. 구름이 가득한 파란 하늘, 빨간 풍선이나 하트 등의 이미지에 "마음이 이끄는 길을 따라가세요" 같은 글귀도 적혀 있지요. 그러나 사람들은 그 문구에 숨은, "두 길 모두 아무 데도 데려가지 않는다"는 불편한 진실에는 초점을 맞추지 않습니다.

무슨 일을 해야 우리의 생활 수준과 평판이 더 나아질지, 어떤 목표에 도달해야 더 행복해질지를 언제나 자문하도록 부추기는 사회에서, 우리는 어떤 길을 가든 그 길은 어디로도 데려가주지 못한다는 것을 알게 됩니다.

개인 개화에는 끝이 없으며, 우리가 마침내 도달해야 할 목적지 같은 건 애당초 없습니다. 우리는 그것이 목적지에 도달하리라는 희망을 품고 미친 듯이 달리는 사람들의 환상이라는 걸 보았지요. 인간의 삶은 오히려 때로는 빠른 걸음으로, 때로는 느린 걸음으로 걸으며 하나뿐인 미로를 그리는 순례길입니다. 길을 잃을 수도, 멈춰 설 수도 있습니다. 다만 이때 어려운 점은 소명을 따르는 일의 의미가 목표가 아니라 과정에 있다는 것을 잊지 않은 채 스스로에게 나아갈 방향을 묻는 것입니다.

소명의 길은 "그 길을 따르는 한 당신이 여정과 하나가 되는" 그런 길입니다. 제 세상을 만난 물속 물고기처럼, 때로는 피곤하더라도 의미를 인지하며 움직임과 멈춤 사이에서 중용을 찾는 것입니다.

질문들 속에 머무는 법

카스타네다는 개인이 지닌 힘에 관해 이야기하며 우리가 길을 걷는 동안 어떤 태도를 유지해야 하는지 설명합니다. 그는 전지전능하다는 느낌 또는 사람과 사물, 사건을 통제할 수 있다는 생각에 관해 이야기하지 않습니다. 오히려 우리가 그 어떤 것도 통제할 수 없다는 것, 연약하고 유한한 인간으로서 우리의 행동 영역은 항상 작지만, 우리가 가진 진정한 힘은 조종하거나 지배하려는 사람들의 것이 아니라는 걸 이해해야 한다고 말합니다. 개인이 지닌 힘은 말 그대로 '행운'처럼 느껴집니다.

오늘날 우리는 행운을 극히 소수의 사람에게만 생기는 것, 거의 항상 경제적, 정서적 안정과 연관된 것, 모두가 좋아하고 골칫거리가 거의 생기지 않는 사람과 연관된 것이라고 인식합니다. 이는 정말로 제한된 생각입니다. 누군가가 사물을 보는 철학적 시선과 태도가 아니라 그가 가진 것을 고려했기 때문입니다.

카스타네다가 말한 것처럼, 모든 길이 풀숲을 지나며 몇몇은 길을 잃고 몇몇은 다시 돌아오는데 그 누구도 어딘가 괜찮은 곳으로 끝내 가지 못한다면 어떻게 운이 좋다고 느낄 수 있는 것일까요? 어디로도 통하지 않는 길이 어떻게 쓸모가 있을 수 있을까요? 모든 길이 아무 데도 데려가지 않는다면, 왜 어떤 길은 다른 길보다 나은 걸까요?

정답이 있다고 생각하지 마세요. 무엇보다도 이건 당신 내면에서 탄생해야 하는 조건이며, 따라서 많은 의문이 빚어지는 상태라는 것을 명심하세요. 우리는 옳든 그르든 간에 한두 가지 판단을 고수하는 경향이 있습니다. 하지만 우리는 질문들 속에 머무는 법과 조건이 무르익도록 놔두는 법, 의심을 품는 법을 배워야 합니다. 우리가 스스로를 초월하는 보이지 않는 힘과 무수히 많은 불가해한 변수들 속에 잠겨 있음을 자각하고 순간순간 대응하며 나아갈 수 있는 상태야말로 철학을 가능케 하는 조건입니다.

표류하기

프랑스의 시인이자 아방가르드 예술가인 기 드보르Guy Debord가 묘사하고 철학자 파올로 마리아 클레멘테Paolo Maria Clemente가 책 《표류, 길을 잃기 위한 지침La deriva, Istruzioni per perdersi》에서 다시 다룬 놀라운 도시 예술이 있습니다.

표류는 "표지판, 가게 유리창, 포스터, 기념물 등 거리에서 흔히 볼 수 있는 참조 요소를 무시하고 도시를 배회하는 것입니다. 우연히 일어나는 범상치 않은 신호들이 자신을 이끌도록 하는 것이지요. 그런 신호들 사이에 이따금 우리의 관심을 사로잡는 광경이 모습을 드러내곤 합니다."

간단히 말해, 평범하고 익숙한 공간에서 당신이 움직이고 행동하는 일반적인 이유(인간관계, 일, 여가, 음식, 스포츠)를 버리는 것, 종이 및 가상 지도를 따르지 않는 것이며, 당신의 마음이 가는 대로 몸을 맡기는 것입니다. 세상이 당신에게 제공하는 표시와 당신이 그것들을 따를 때 발생하는 만남들에 몸을 맡기는 것이지요. 이런 방식으로 당신은 주변과 새롭게 관계 맺는 법을 배울 수 있습니다. 그리고 이를 통해 당신이 가야 할 방향을 깨닫기도 하지요. 표류는 감각을 더욱 예민하게 합니다. 모퉁이를 돌 때마다 낯설고 놀라운 것과 마주칠지도 모른다는 생각에 감각이 더 활성화되기 때문입니다.

그러면 어떤 연습을 해야 될까요? 집 밖으로 나가세요. 이미 밖에 있다면 금상첨화입니다. 출발지로 삼기 좋아 보이는 곳에 도착했으면, 다시 책을 읽으세요. 도저히 못 나가겠다는 느낌이 들거나 귀찮을 것 같으면 이 연습을 최대한 빨리 하도록 스스로를 밀어붙이세요. 지금은 이 단락을 건너뛰고 빈둥댈 시간이 있을 때 여기로 돌아와도 좋습니다. 아니면 문을 열고 밖으로 나가세요. 좀 이따 봅시다.

다시 오셨네요, 현관 밖에 서 있겠죠. 당신 뒤에는 당신이 잘 아는 침실, 화장실, 부엌, 당신의 책들, 당신의 물건들이 있습니다. 반면 당신의 앞에는 미지의 것이 있습니다. 네, 아마 당신은 이웃 주민들을 알고 있을 것입니다. 아는 얼굴과 일상의 활동, 거리가 눈에 띌 것입니다. 하지만 이제 당신은 이미 아는 것에서 벗어나야 합니다. 대신, 지나가면서 주변에서 당신을 위해 일어나는 작은 공연들에 주의를 기울여보세요. 불꽃놀이를 찾기보다 바람에 흩날리는 잎사귀, 경적 소리, 친숙한 멜로디를 찾아보세요. 잠깐 주의를 기울여 관찰해보세요.

당신의 관심을 끄는 곳으로 움직이며 걷기 시작하세요. 어디서 돌지, 뒤로 돌아가야 할지, 우회전이나 좌회전을 해야 할지를 느끼게 하는 감각을 인식하려고 해보세요. 적절한 신호가 올 때까지 기다려보세요. 그런 신호 하나가 오면 그쪽으로 몸을 돌리세요. 몇 분 안에 거대한 비디오 게임 속으로 들어가는 느낌이 들 것이고 당신은 스스로가 등장인물인지, 플레이어인지 확실히 알지 못할 것입니다. 정해진 목적지 없이 느낌을 좇는 감각만 있는 데다 다른 모든 게임과 마찬가지로 이 게임 또한 당신을 어디로도 데려가지 않는다는 것을 인식할 뿐입니다. 개인이 지닌 힘, 즉 운이 좋다는 느낌은 게임을 할 수 있는 능력, 그리고 게임에서 중요한 것은 시간을 최적화하는 것이 아니라 스스로를 놀라게 하며 몰입하는 순간임을 기억하세요.

이번에 우리가 당신에게 권하는 연습은, 3장에서와 같이 당신만의 보조를 찾는 것이 아니라, 당신에게 어디로 가야 할지를 알려주는 내면의 레이더를 인식하는 것, 그리고 걷는 방식이나 먼 거리를 가는 능력에 신경 쓰지 않고, 표류를 하는 동안 어떤 느낌이 드는지에만 주의를 기울이는 것입니다.
연습이 끝나면 집으로 돌아가서 당신이 걸은 길과 그린 미로를 머릿속으로 재현해보며, 그로부터 받은 인상을 다이어리에 기록하세요.

소명은 길을 잃더라도 그 상황을 받아들이고, 당신이 경험하는 것에 대한 당신의 생각이 앞으로 5분 안에 완전히 틀릴 수 있다는 가능성을 받아들일 때 경험할 수 있습니다. 틀리고자 하는 마음, 자신을 넘어서고 분산하고자 하는 욕구가 있다면 소명에 가까워지지요. 특정한 선택이 아니라, 그 선택으로 이끄는 과정이자 정신적, 감정적, 육체적, 영적 접근으로 무언가를 실현하는 것입니다. 소명은 우리가 피하고 싶어 하는 대화입니다. 우리가 원하는 대답은 태도가 아니라 적절한 일과 사람에 관한 것이기 때문입니다. 그/그녀가 나에게 맞는 사람인가요? 이 일 또는 학업 분야가 나에게 완벽한 건가요?

만약 그게 사람이 아니라 관계의 종류라면? 또는 그게 일이 아니라 그 일을 할 때 당신이 소명의 길 위에 있다는 느낌과 흐름을 인식하는 것을 방해하는 모든 생각, 한계, 조건의 집합이라면 어떨까요?

소명vocation이라는 단어는 '부르다'라는 뜻의 라틴어 vocare에서 비롯되었습니다. 소명은 일종의 자석과 비슷합니다. 우리를 끌어당기고 매료시키고 신나게 하는 것이지만, 우리와 이 자석 사이에는 간섭이 아주 많습니다. 우리는 집중력을 잃고, 에너지를 낭비하고, 수천 개의 원치도 않은 조언, 자극, 조건화, 두려움, 평가를 받습니다. 그 결과 소명과 거리를 두고 장애물을 만들어내는 데 아주 능숙해졌지요.

이 책을 읽고 있다면, 솔직히 당신의 삶에 당신이 이해하지 못하고 공감하지 못하는, 조화롭지 않은 무언가가 분명 있다는 걸 느낄 겁니다. 아마 당신은 그것에 관해 누군가와 이야기하고 싶지 않을 것이고, 그건 무언가가 당신에게서 빠져나가는 느낌이거나, 당신이 끊어내지 못하는 오래된 만성적 권력관계일 것입니다. 어쩌면 당신은 개인적 정체성이 아직 완벽하거나 완성되지 않아 죄책감을 느끼고 있을지도 모릅니다. 좋은 소식은, 사람은 살아 있는 한 결코 완성되지 않는다는 것입니다. 개화를 희망하는 사람은 질문하고, 길을 변경하고, 여정을 그만두고, 자신에게 속하던 많은 것이 더 이상 자신의 것이 아님을 깨닫는 것을 멈춰서는 안 됩니다.

소명은 육체적인 감각이며, 무미건조한 응답이 아닙니다. 보조가 규칙적이고, 호흡이 잘 잡히고, 흐름 속에 있으면서 수 킬로미터를 힘들지 않게 가는 때가 있고, 모든 것이 아주 어려워져 카스타네다가 말하듯 어쩌면 뒤로 돌아가 스스로에게 질문을 하고 우리가 설정한 경로를 다시 재고해봐야 할 때도 있습니다. 상황이 바뀌었을 수도, 그 길이 우리가 정말로 따르고 싶은 길이 아니었을 수도 있기 때문이지요. 다른 사람이 우리로 하여금 따르길 원했던 길이었거나 좀 더 쉬워 보였거나 멋져 보여서 선택한 길이었을 수도 있는 것입니다.

1년 전 당신을 풍요롭게 하던 바로 그 일이 지금은 당신을 좀먹는 것이 될 수도 있겠죠. 그건 전혀 잘못된 것이 아닙니다. 현대의 세상은 인간의 주관성이 2차원에서 항상 자기 자신과 똑같이 보여야 하는 셀카라고 믿습니다. 그런 2차원의 셀카가 한 사람의 우주라는 미개척 대양에 관한 모든 것을 말해주리라고 기대하는 것입니다. 하지만 사실 시간이 지나면서 당신에 관해 당신이 예상하지 못한 많은 것들이 밖으로 나오곤 합니다. 당신이 갖고 있지 않던 욕구, 관심이 없던 여행 등이 지금은 당신이 바라는 것이 되었을지도 모릅니다.

자신이 2차원 이미지라고 믿는 것이 확실히 더욱 편하긴 하지만, 소명의 길을 따르기로 결정했다면 언제나 당신의 새로운 면이 나타날 것이라는 점을 기억하세요. 감정과 육체적 감각을 무시하거나, 합리적인 선택을 할 생각만 하면 안 됩니다. 그러니까, 그 길은 일자 경로가 아닙니다. 일자 경로는 존재하지 않기 때문입니다.

마음이 있는 길은 진정한 길이므로 곧게 뻗은 길일 수가 없습니다. 그런데 진정한 길을 만들려면 물러지고 취약해질 수 있어야 합니다. 항상 모든 것을 통제하려고 하기보다 낙담과 실패의 순간을 오롯이 껴안아야 합니다. 그러기 위해서는 우선 공백과 공간을 만드는 능력을 길러야 합니다.

소명을 찾아서

워크숍을 시작할 때 우리는 항상 참가자들에게 왜 이곳에 오기로 결정했는지를 물어봅니다. 대답은 다양하지만 대개는 워크숍에서 배우게 될 내용에 대한 기대감 때문이라고 말들 합니다. 그런데 한번은 어떤 여성 분이 아주 진지하게 대답했습니다. "오늘 남편이 집에 없어서 일요일 내내 혼자 시간을 보내야 했는데, 제 앞에 덩그러니 있을 빈 시간들이 두려웠거든요. 그래서 참가했어요."

공백을 두려워하는 것은 관조적 삶을 두려워하는 것이며 이는 생각보다도 흔합니다. 우리 존재의 의미에 대한 실존적인 질문을 스스로에게 할 때에도 우리는 내심 즉각적인 대답을 원하거나, 피해망상에만 빠져 있으려고 합니다. 하지만 관조와 기다림의 상태에 막상 들어가는 것은 아주 어렵습니다. 우리는 그렇게 하도록 교육을 받지 않았기 때문입니다.

소명을 인식하려면 공백과 관조가 필요합니다. 하지만 관조에만 초점을 맞추는 것은 활동에만 초점을 맞추는 것과 비슷합니다. 중용이 아니라 극성을 찾은 것이지요. 관조적 삶에서 활동적 삶으로 넘어갈 수 있어야 하고 그 반대도 가능해야 합니다. 다리를 건너고 다시 건너오는 법을 배워야 하는 것이지요.

소명을 인식하고, 스스로에게 나아갈 길을 묻는 것은 아주 중요하지만, 목적지가 없는 이 여정에는 멈추는 지점들이 반드시 있어야 합니다. 뒤를 돌아보면서, 당신이 이뤄낸 계획들을 자각하게 만드는 것이지요. 계획은 당신이 스스로에게 부여하고, 당신이 느끼는 것을 실천에 옮기고 원하는 것을 이루는 데 도움이 되는 목표이지, 그 자체가 목적은 아닙니다.

목표와 목적 사이에는 큰 차이가 있습니다. 일상 속에서 우리는 다양한 목표를 가지고 있습니다. 예를 들면 매주 집이 엉망진창이 되지 않도록 유지하는 것이 있겠죠. 이것은 목표입니다. 목표를 실현하기 위해서는 기술과 도움, 새로운 습관 등이 유용할 수 있습니다. 하지만 이것은 목적은 아닙니다. 목적은 보상을 얻는 것과는 관련이 없습니다. 소명에는 보상이 없습니다. 알다시피 마음이 있는 길은 어디로도 데려가지 않습니다. 그럼 왜 그 길을 따라야 할까요? 기술을 통해서는 듣지 못하지만 좀 더 복잡하고 서술적인 어떤 것을 매개로 삼으면 들을 수 있는 종류의 목소리를 들어보고 싶기 때문에 하는 것입니다. 이것은 장기적으로 보면 쉬워 보이지만 그리 간단하지는 않습니다.

이탈리아어 semplice(간단하다)는 '주름이 없다'는 뜻의 라틴어 simplex에서 비롯되었습니다. 주름이 없다는 것은 접힌 부분 없이 최대한 펴져 있는 상태를 말하지요. 사실, 우리는 일반적으로 간단함을 추구합니다. 간단한 삶, 혼란에 빠뜨리지 않는 명료한 지식을 추구하고, 우리의 가장 높은 소명이 고요한 상태와 맞닿아 있다고 착각합니다.

소설 《거장과 마르가리타》의 마지막 부분에서 고요함, 즉 이 소설에서 평화라고 부르는 것은 분명 보상이지만 그것은 빛, 신과의 활발하고 굳건한 관계보다는 가치가 낮은 것이라고 설명합니다. 주름 없는 삶 속에 있다는 것은 사실 앎보다는 무감각에 훨씬 가깝기 때문입니다. 시련이나 굴곡 없이 평탄하게 계속 산다는 것은 구김살을

펴려고 애를 쓸 수 없음을 의미합니다.

반면 이탈리아어 facile(쉽다)는 '실행 가능하다'는 뜻의 라틴어 facilem에서 비롯되었습니다. 다르게 말하면, 쉬운 것은 실행 가능한 것이지요. 하지만 거기엔 객관적인 기준이 없습니다. 내게는 실행 가능한 어떤 것이 다른 사람에게는 몹시 어려워서 간신히 해내는 일일지 모르니까요. 그러면 할 수 있다(può fare)는 건 무슨 뜻일까요? 누군가가 나보다 먼저 그것을 했다는 것을 의미합니다. 누군가가 이미 그 길을 한 발 한 발 밟아나가기 시작했다는 뜻이지요. 우리 대부분이 찾는 고속도로는 결코 아닐 테지만 항상 새롭고 다른 길이며, 불확실하지만 한 발 한 발 자기 두 다리로 전진하는 길 말입니다.

당신의 길은 12장으로 이어집니다.

7장

당신에게 중요한 가치는 무엇인가

가치 찾기

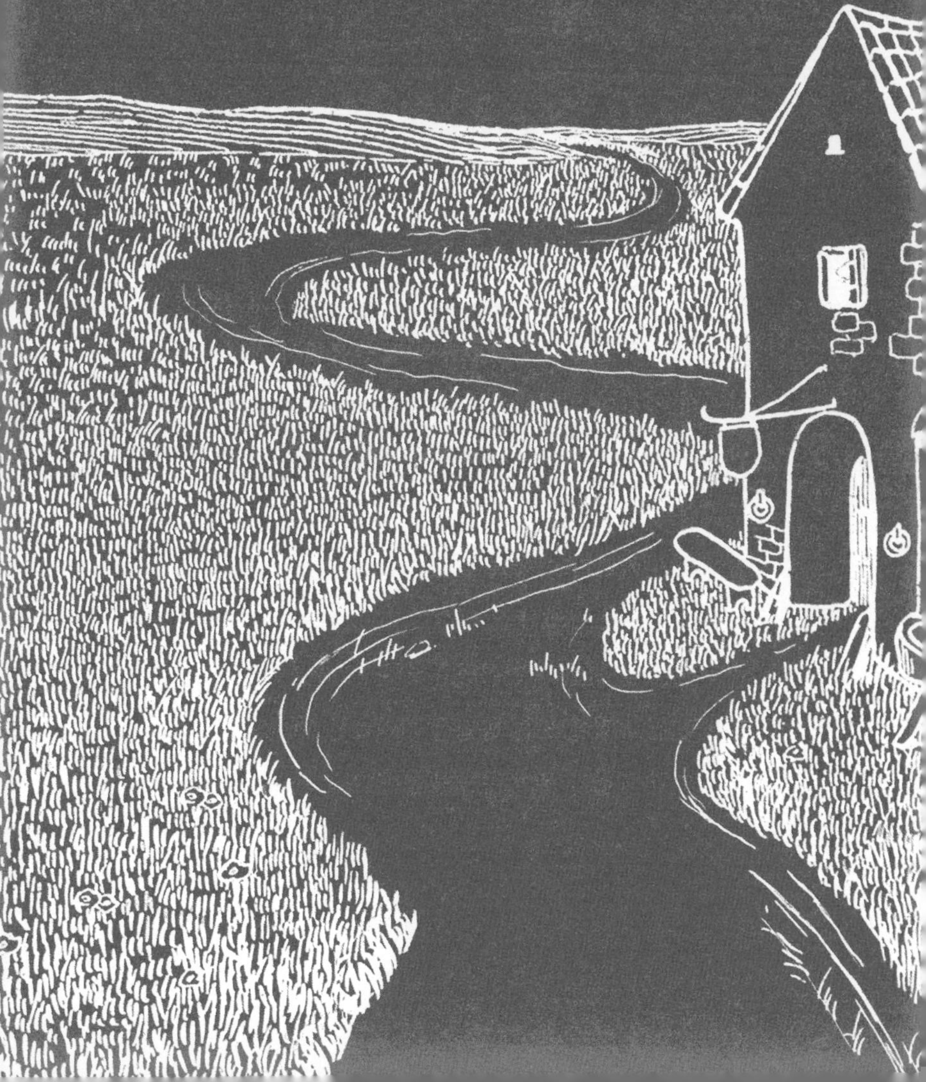

얼마 전 어느 저녁, 우리는 방에서 책을 읽고 있었는데 방문을 두드리는 소리가 들렸습니다. 문틈에서 장난기 어린 아이의 얼굴이 나타났습니다. "에네아, 무슨 일이야? 왜 안 자고 있니?" 우리는 아이에게 물었습니다.

아이는 두려움과 놀라움이 뒤섞인 얼굴로 몇 초간 침묵을 지키다가 이렇게 말했습니다. "아빠! 엄마! 잠을 어떻게 자는지 기억이 안 나요!"

정말 볼 만한 장면이었습니다. 그리고 그는 끝내 큰 침대로 왔고 잠에 드는 방법을 기억해냈습니다. 일상적이고 당연한 행위가 우리 아들의 눈에 일종의 불가능이라는 후광에 싸인 기이한 모습으로 보였던 겁니다. 애니메이션 〈패밀리 가이〉의 한 에피소드에서 피터가 앉는 법을 잊어버린 것과 비슷하지요. 하지만 앉는 법은 사실 설명이 간단한 반면, 잠에 드는 법을 설명하는 건 그리 쉽지 않습니다. 눈을 감고 긴장을 풀어야 하고…… 그다음은요? 잠에 들기 위해서 구체적으로 뭘 해야 하나요? 더구나 왜 잠을 잘까요? 스탠퍼드 대학교 수면연구센터의 설립자인 윌리엄 디멘트William Dement는 우리가 아는 한 잠을 자야 하는 확실한 이유는 단 한 가지뿐이라고 말하며, 이 주제에 대한 과학의 무력함을 고백했습니다. 그 이유는 바로 잠이 오기 때문입니다.

우리는 왜 잠을 자는지 모릅니다. 잠은 그냥 자는 것이죠. 그리고 세상은 그런 것들로 가득 차 있습니다. 우리의 생활 전체는 알 수 없는 이유, 설명할 수 없는 동기, 우리가 당연하게 받아들이는 메커니즘들로 이루어져 있습니다. 우리는 모든 것을 통제할 수 있다는 환상 속에 살고 있지만 사실은 전혀 그렇지 않습니다. 실제로 우리가 세상에 발견할 게 얼마나 많은지를 보지 못하게 방해하는 것이 바로 두려움의 산물인 우리의 이런 오만함입니다.

사실, 알면 알수록 아는 것이 없다는 사실을 더욱더 깨닫게 되고, 아는 것이 적을수록 모른다는 것을 깨닫지 못합니다. 공부를 하면 할수록 공부를 해야 한다는 걸 더 이해하게 되고, 공부를 하지 않을수록 공부해야 함을 이해하지 못합니다. 많이 사랑할수록 사랑하는 법을 모른다는 걸 더욱 알게 되고, 사랑하지 않을수록 사랑하는 법을 모른다는 걸 알지 못합니다. 깊이 들어갈수록 처음에 손에 닿을 것 같았던 그 밑바닥이 얼마나 멀리 떨어져 있는지를 더더욱 깨닫게 됩니다.

그러니까, 여기서 중요한 질문은 자신의 현재 위치를 어떻게 알 수 있느냐, 우리가 빠져 있는 정보의 혼돈 속에서 어떻게 방향을 잡을 거냐는 것입니다.

유발 하라리가 《호모 데우스》에 썼듯, 무엇을 무시해야 하는지 아는 것이 중요합니다. 웹의 거대한 파도 사이에서 난파된 우리는 오래전부터 탐구하는 항해는 그만둔 채 떠다니는 즐거움에만 우리 자신을 맡겨왔습니다. 우리는 너무 많은 것을 알기 때문에 더 이상 아무것도 알지 못합니다. 정보와 이미지, 소리, 감정에 잠식당하고 있는 것입니다. 마치 끝없는 열쇠 다발이 있지만 어떤 문을 어떤 순서로 여는 것이 가장 좋은지 모르는 것과 같습니다. 오늘날 힘을 가진 사람은 많은 열쇠를 가진 사람이 아니라 어디로 갈지를 알고 휩쓸려 가라앉지 않는 사람, 거절해야 할 것을 아는 사람입니다.

비결은 가능한 한 많이 아는 것이 아니라 알 가치가 있는 것을 아는 것입니다. 그리고 이를 실행에 옮기기 위해서는 가치들이 필요합니다. 에너지를 낭비하지 않는 방식으로 세상 속에서 당신을 안내하고 당신이 어떤 꽃인지 상기시켜주는 유용한 도구죠. 그래서 이제 우리는 당신이 당신의 가치들을 찾도록 도울 것입니다.

그런데 다음 단락으로 넘어가기 전에 지금 바로 다이어리를 손에 들고 가치라는 게 당신에게는 무엇인지 묘사를 해보세요. '그 사람은 대단한 가치관을 지니고 있다', '과거의 좋은 가치들', '오늘날 가치들은 위기에 처해 있다' 등의 말에 나오는 이 가치란 무엇일까요? 생각을 해본 다음 다이어리에 써보세요.

책을 계속 읽어나가기 전에 아마 당신이 가치에 대한 명확한 개념이 없고, 당신에게 가치란 무엇을 나타내는지를 설명하기가 쉽지 않다는 사실을 감안하는 것이 중요합니다.

한번 시도해보세요.

당신에게 가치란 무엇인가요?

가치를 세워야 할 시간

가치는 개인 개화 과정에서 몇 가지 중요한 단계를 수행하기 위한 훌륭한 도구입니다. 가치는 당신을 꽃피우게 하는 비료가 되지요. 이쯤 되면 당신은 되묻고 싶어질지도 모릅니다. "꽃도 변한다고 하지 않았나요? 살아가는 동안 우리는 끊임없이 변화하며, 수많은 욕구와 수많은 자아를 우리 안에 품고 살고 있다고 말이에요. 일반적인 전통적 가치, 그 정적인 가치들이 우리 안에 살고 있는 군단과 어떻게 어우러지나요? 고작 몇 개의 기본 관념이 어떻게 그렇게 다양한 세계들을 통합할 수 있죠?"

적절한 질문이기는 하지만, 가치들을 고정되고 불변하는 것이라고 생각하면 안 됩니다. 우리는 당신에게 스토아학파, 에피쿠로스학파 또는 키니코스학파의 엄격한 가치 목록 중에서 선택을 하고 그 생활 방식을 영원히 고수하라고 권유하는 것이 아닙니다. 우리 내면이라는 몸에 고대인들의 가치관이라는 옷을 강제로 입게 하는 것은 말이 안 됩니다. 그 시대와 지금은 너무 다르니까요. 우리는 변했고, 그걸 받아들여야 합니다. 가능한 유일한 방식은 맞춤형 오트쿠튀르입니다. 당신과 함께 변화하고 여기저기서 최고의 옷감을 가져오는 맞춤복이어야 하는 것입니다.

실제로 각각의 꽃은 특정한 토양, 특정 방식의 물주기 및 태양 노출과 같은 특별한 관리가 필요합니다. 금작화에 적합한 관리를 장미에 똑같이 적용할 수는 없겠죠. 장미는 말라버릴 것이기 때문입니다. 그러니까, 하나의 꽃을 위한 바람직한 조건, 그리고 행동 및 태도의 평가 기준이 그것의 가치를 나타냅니다.

이것이 가치라는 용어의 고전적인 정의입니다. 즉, 가치는 개인이나 집단이 바람직하다고 생각하는 조건 및 상태이자 행동과 태도를 평가하기 위한 기준으로 채용되는 것이며, 가치들로 구성된 사회적 구조에서 각 공동체의 집단적 유대가 실현됩니다.

우리가 가치의 위기를 이야기하는 이유는 전통 사회의 기반이던 윤리적 틀이 더 이상 그 기능을 수행하지 않기 때문입니다. 사실상 역사와도 같은 오래된 가치들은 더 이상 사회적 접착제나 개인적 자극으로 작용하지 못합니다. 그리고 이는 어제오늘 일이 아니지요. 역사상 가치가 무너지는 일은 종종 있어왔습니다. 예를 들면, 공동체적 가치에 더욱 가까워지기 위해 계층적 가치의 고수를 중단한 것이나(또는 그 반대), 서구에 큰 영향을 미친 두 입장을 들어 얘기하자면 불평등하고 불확실성을 회피하는 스파르타적 가치에서 평등하고 불확실성을 수용하는 아테네적 가치로(또는 그 반대로)의 이동 등이 있죠. 우리 시대의 새로운 점은 기존 가치를 대체할 준비가 된 새로운 가치가 순환되고 있지 않는 것 같다는 것입니다. 이는 러시아의 대문호 이반 투르게네프Ivan Turgenev에 이어 니체가 니힐리즘nihilism•으로 정의한 것의 자연스러운 상황입니다. 즉, "최고의 가치들이 평가 절하되고 (…) 목적이 결여되며 질문에 대한 답이 결여되는" 때입니다.

고정된 가치란 없다

결국 서구의 위대한 롤플레잉 게임에서 작동한 마지막 패치인 신과 국가, 가족의 개념은 사람들에게 안정감을 주는 것이었습니다. 목적과 이유, 가치를 하나의 패키지로 제공할 수 있었죠. 최고의 가치는 좋은 관습을 준수하고 따르는 데 있었습니다. 식탁에 먹을 것을 올리는 것이

• 무無를 의미하는 라틴어 니힐nihil에서 유래한 것으로, 이반 투르게네프가 그의 작품《아버지와 아들》에서 처음 사용하였다. 주로 허무주의로 번역되곤 하는데 니힐리즘의 원래 뜻은 '절대적인 진리나 도덕, 가치는 없다'는 것이다. 동양의 노장 철학, 서양의 소피스트에서 주로 보이는 태도이며, 니체가 이를 현대적 의미로 심화하였다.

문제였기는 했지만 결국은 안정을 찾았고 평화롭게 잠을 자러 갔습니다. 하지만 이 업데이트는 오늘날 새 운영 체제에서 더 이상 실행되지 않으며, 우리에게는 새로운 업데이트를 만드는 일이 주어졌습니다. 게다가 기존의 가치들이 평가 절하되고 있으니 다른 가치들을 창출해낼 대단히 좋은 기회이지요. 니체가 모든 가치들의 재평가라고 부르던 것을 구현하는 것입니다.

하이데거가 쓰길, 니체는 가치를 "삶의 조건이자 삶을 강화하는 것"으로 생각했습니다. "모든 가치들의 재평가란 삶을 위해, 존재 전체를 위해 새로운 조건을 부여하는 것을 의미하며, 그것을 통해 삶은 그 자신을 넘어서고, 오직 그렇게 해서 삶은 그 진정한 본질을 찾을 수 있게 됩니다."

니체는 가치가 결국 우리를 삶에서 멀어지게 했다고 보았습니다. 삶을 강화하는 대신 공허하게 만들어버린 것이지요.

미술관에 가보면 대부분의 사람들은 작품을 바로 보기보다는 우선 작품 설명 꼬리표부터 읽는다는 걸 알아차릴 수 있습니다. 꼬리표에는 작가의 이름, 작품의 이름, 연도, 재료 등 예술적 경험을 정리하는 데 유용한 상세 정보가 적혀 있습니다. 그걸 보고 나서야 시선이 작품으로 옮겨갑니다. 그렇게 함으로써 감정보다는 이성이 우선시되고, 예술은 내면의 원심 분리기로서의 일을 할 수 없게 됩니다.

가치들을 그런 꼬리표와 같은 기능을 하는 것으로 생각해야 합니다.

니체가 가치의 비판을 통해 말하고자 한 것은 이런 가치들은 원래 삶과 만날 때 도움이 돼야 하건만, 오히려 그 만남의 효과를 제한하는 식으로 끝나는 경우가 흔하다는 것입니다. 몇몇 훌륭한 작품에 붙여진 특정한 해설의 영향과 동일한 것입니다. 다음에 전시회에 가게 되면 작품 대신 관람객들에 집중을 해보세요. 아주 많은 것을 깨닫게 될 것이며, 그중 일부는 큐레이터가 빈 공간을 걱정하여 박물관에 설치한 몇몇 화판들보다도 훨씬 더 흥미로울 것입니다. 전통적인 가치들은 쓸모없는 정보로 가득한 거대한 꼬리표들이 되어버렸습니다. 고유한 의미를 잃고 위기에 처한 것입니다.

따라서 당신의 궁극적인 목표가 삶을 더 깊이 있게 사는 것이라면 현재 가치, 즉 꼬리표가 없는 것을 기뻐해야 한다고 추론할 수 있습니다. 가치가 삶에서 멀어진다면, 가치의 부재는 삶에 더욱 가까워지는 것이겠죠.

하지만 말처럼 그렇게 간단한 것은 아닙니다. 가치의 부재는 니체가 최후의 인간이라고 정의한 이들, 즉 우리 시대의 재앙 속에 뒹굴고 폐허를 사업으로 만드는 사람들에게 완벽한 운동장입니다. 슬라보예 지젝Slavoj Žižek은 최후의 인간을 삶에 지쳐서 더 이상 꿈을 꿀 수 없는 사람, 갈등이 없는 편안하고 안전한 생활을 선호하며 모든 위험을 피하는 사람이라고 설명합니다.

반대로, 우리는 새로운 임시적 가치를 세우는 방법을 배워야 합니다. 아나키스트 작가 하킴 베이Hakim Bey가 이론화한 임시 자율 구역Temporary Autonomous Zone, TAZ과 비슷한 것이지요. 이 미국 작가는 같은 이름의 책(놀랍지 않게도 니체의 말을 인용하며 시작하죠.)에서 소개한 그 이론에서 사회적 통제에 의해 부과된 형식적 구조와 제도를 우회하는 방식으로 자체 관리 공간을 만드는 사회 정치적 전술을 권합니다.

불필요한 흔적을 남기지 않고 일 또는 삶을 더욱 깊이 향유할 수 있도록, 현실에 제거 및 변경이 가능한 꼬리표를 부착하는 것입니다. 재평가되고, 움직이고, 변화하는 가치들을 통해 당신은 수시로 꼬리표를 떼었다 다시 붙일 수 있습니다. 당신의 삶을 구성하는 이런 꼬리표들은 "힘의 수직성이 수평적 관계망으로 저절로 대체되는 해방된 장소"입니다. 이것은 우리가 이 책의 시작에 쓴 축제의 철학과도 맞닿아 있으며, 두려움의 철학에 대한 유일한 대안입니다.

다섯 가지 가치

앞서 당신은 가치의 개념이 당신에게 무엇을 의미하는지를 다이어리에 썼습니다. 이번에는 좀 더 어려운 퀘스트입니다. 당신 삶의 기반이 되는 다섯 가지 가치가 무엇인지 생각한 뒤 적어보세요. 니체는 "진정한 신사의 권리는 가치를 창출하는 것"이라고 썼죠. 당신은 가치를 창출해낼 수 있나요? 당신이 하루하루 당신이라는 식물을 잘 돌보았는지를 저녁에 확인하는 데 쓸 수 있는 다섯 가지 가치를 선택해보세요. 매주 이 가치들에 질문을 던져보세요. 어떤 가치를 과대평가했고 대체할 수 있나요? 반면 필수적인 가치는 무엇인가요? 매일의 자기 성찰에 가치들을 추가하고 스스로에게 물어보세요. 나는 이 가치들을 준수했는가? 새로운 가치를 발견했는가? 더 이상 나에게 속하지 않는 가치나 아예 처음부터 나에게 속한 적이 없는 가치가 있는가?

가치를 내면의 성채로 만드는 법

로마 제국의 제16대 황제이자 철학자였던 마르쿠스 아우렐리우스Marcus Aurelius의 《명상록》을 한 번도 읽어본 적이 없다면 꼭 읽어보세요. 《명상록》은 아우렐리우스가 이민족과의 전쟁이라는 외적인 압박감과 무거운 짐으로부터 물러나서 자기 자신 속으로 들어가 자기 영혼에게 들려주고 싶은 교훈을 기록한 책입니다. 독자를 즐겁게 하기 위해 쓰인 책이 아니며, 당신은 책을 펼침과 동시에 철학자의 내면 연구실에 들어가게 될 것입니다. 이탈리아의 철학자 조반니 레알레Giovanni Reale가 올바르게 지적했듯, 이 명상록은 "출판을 위해 작성된 것이 아니라 스토아 철학의 몇몇 진실을 지속적인 변형과 재설정을 통해 제시하고 다시 제시하며 (…) 꾸준히 상기하고 재해석하기 위해 작성되었습니다."

지금까지 당신이 다이어리에 쓴 문장과 이제 막 필기한 가치들은 당신의 진실의 초안입니다. 그것들을 사용하고, 암기하고, 이해하고, 생각과 행동의 여과기를 통해 변환하는 법을 배워야 합니다. 그리고 마르쿠스 아우렐리우스가 그랬던 것처럼 당신도 스스로에게 부여하고자 하는 삶의 규칙을 다이어리에 써넣어 항상 염두에 둘 수 있습니다. 새로운 규칙을 테스트하고 오래된 규칙을 교체하며, 다시 이를 반복하는 데 지치지 않는 법을 배우는 것입니다.

피에르 아도가 저서 《내면의 성채La Citadelle Interieure》에서 쓴 것처럼, 철학자 에픽테토스는 자신의 수업에서 특정 원칙을 계속 반복해 말하며 "일종의 '언어 치료'를 수행했습니다. 반면 마르쿠스 아우렐리우스는 글을 통해 그런 원칙들을 반복해 썼습니다. 유사한 방식으로 스스로를 위한 일종의 '쓰기 치료'를 수행한 것입니다." 아도가 설명하길, 그것은 "단번에 경험할 수 있고 기계적으로 적용되는 수학적 규칙이 아닙니다. 가능하다면 그것들은 신비로운 경험과 계시의 강렬함을 지닌 의식, 직관, 감정, 도덕적 경험이 되어야 합니다."

마르쿠스 아우렐리우스가 고수하던 철학적 흐름인 스토아학파도, 당신이 읽고 있는 이 책의 작가들도 당신에게 원칙을 제공해주지는 않습니다. 원칙은 당신이 만들어가는 것입니다. 스토아 철학과 이 책, 그리고 당신 앞의 무한한 실마리를 참고할 수는 있지요. 우리 시대처럼 풍요로우면서도 혼란스러운 때에 산다는 것은 부담스러운 일이기도 하지만 이 오랜 지혜들을 길잡이 삼을 수 있으니 한편으로는 영광입니다.

짧은 시간 안에 사라질 운명인 강렬한 이해를 우리 의식 속에 자리 잡게 만들기 위해서는 글을 쓰고, 쓰고, 또 써야 합니다. 읽고 또 읽는 것만으로는 충분하지 않습니다. 마치 영혼의 훈련인 것처럼(실제로도 그렇습니다) 신중하게 주제를 변형해보고 반복하기를 멈추지 않아야 합니다. 글쓰기야말로 가장 깊은 이해를 이론에서 실천으로 옮기는 최고의 방법입니다.

그럼 이제 바로 4장으로 갈지, 아니면 책을 덮고 조금 지내다가 갈지를 선택하세요.

8장

초연결 사회에서 자기 자신을 지키는 법

디지털 삶

인생의 문제를 다루는 철학이라면 현대 사회의 디지털 공간을 별개의 문제로 취급하거나 무시해서는 안 됩니다. 우리는 하루 대부분의 시간을 온라인에 접속한 채 소셜 네트워크를 통해 인터넷이라는 거대한 바닷속을 유영하기 때문이지요.

디지털 공간에서 사람들은 몹시 예민합니다. 그 공간을 움직이는 감각은 흡사 무언가에 쫓길 때와 유사합니다. 모퉁이를 돌 때마다 혹시 기습을 당하지는 않을까 조마조마한 상태이지요. 이탈리아의 가수 파브리치오 데 안드레Fabrizio De André의 말을 빌리자면, 디지털 공간의 길목들은 마치 '앞에 나서지는 못하고 뒤에서 궁시렁대는 작은 마을의 부인들'•로 가득 찬 것처럼 끊임없는 불안의 상태에 있습니다. 온라인에서는 당신의 연락처 목록 숫자에 관계없이 사소한 실수도 치명적인 것으로 둔갑해 당신이 잘 알지 못하는 사람들에게까지 널리 확산됩니다.

디지털 공간은 왜 이런 특징을 갖게 됐을까요? 사회적 질투, 박탈감, 지루함, 관습에서 조금만 벗어나도 비판하고 조롱하는 경향이 우리를 감시하고 대규모로 벌하는 유독한 디지털 환경을 조성했기 때문입니다. 우리가 책 《성과 사회La società della performance》에서 언급했듯, 디지털 시대는 단 한 번의 저성과가 경력 전체를 망치거나 작은 실수가 성장의 디딤돌이 되기는커녕 인생이 송두리째 짓밟히는 큰 낭패로 이어지기도 합니다. 그 결과 사람들은 움츠러들고, 추진력을 잃고, 어떤 위험도 감수하지 않으려고 합니다.

망신 당하지 않기 위해 평범함에 자신을 끼워 맞추는 겁니다. 온라인은 이제 하고 싶은 말과 말해도 비난받지 않을 말 사이에서 하향 타협이 이루어지는 공간이 되

• 파브리치오 데 안드레의 노래 〈장밋빛 입Bocca di rosa〉에 나오는 가사

었습니다.

거대한 감정의 하수구

점점 더 많은 사람이 소셜미디어를 두려워하고 SNS에 자신의 생각을 솔직하게 드러내는 것을 꺼립니다. 소셜미디어를 좌절, 증오, 분노, 편견을 원 없이 쏟아붓는 거대한 하수구쯤으로 여기는 사람들이 많아졌기 때문입니다. 그들은 매일 새롭게 무너뜨릴 적과 새로 추대할 우두머리를 찾습니다. 이제 소셜미디어는 알림 소리가 곧 싸움의 종소리인, 쓰레기 매립지 중앙의 링이 되었습니다. 대화의 장은커녕 점점 더 많은 사람에게 감당하기 힘든 시한폭탄으로 전락한 것입니다. 소수의 안전지대를 제외하면 온라인에서 사회적·정신적 퇴행의 징후는 뚜렷하게 나타나고 있습니다.

우리는 이곳에서 공동체 의식을 망각했으며, 문화이론가 마크 피셔Mark Fisher가 예언적으로 말했듯 소셜미디어에서 "진정성을 과시하는 것은 특히 수익성 있는 가치가 되었습니다." 이런 만연한, 이른바 진정성의 문제는 그것이 온라인에 끊임없이 쏟아지는 정제되지 않은 감정적

물질인 데다, 표심을 바꾸고 광고 효과를 유도하는 데는 유용하지만 개인의 개화에는 매우 해롭다는 점입니다. 날마다 세상에 자신의 독을 던지는 것은 다른 사람들로부터 표현의 공간을 빼앗는 일이며, 자신의 내면마저 병들게 하는 일입니다. 무언가에 정제되지 않은 감정을 쏟아내는 짓을 멈출 수 있다면 우리는 덜 냉소적이고 덜 폭력적이며 더 나은 사람이 될 수 있습니다.

그냥 입을 닫고 온라인 공간을 떠나는 데 그칠지, 이 공간을 개량하기 위해 힘쓸 것인지, 선택은 당신에게 달려 있습니다.

디지털 시대에 우리는 결속되지 않은 채 과잉연결되어 있습니다. 좀 더 정확히 말하자면, 사람들 간의 연결은 되어 있으나 사람들에게의 연결은 끊어졌습니다. 다른 사람과 실제로 접촉하기보다는 연결의 도구에 얽매여 있는 것입니다.

던바의 수

영국의 진화인류학자 로빈 던바Robin Dunbar는 우리가 얼마나 많은 사회적 관계를 유지할 수 있는지 인간의 사회성을 알아보기 위해 광범위한 학문을 아우르며 실험을 진행했습니다. 그는 영장류 연구를 토대로 영장류의 뇌 크기가 사회 집단의 크기를 결정한다는 상관관계를 발견한 후 인간 뇌의 평균 크기에 동일한 모델을 적용하여 소위 던바의 수Dunbar's number를 찾아냈습니다. 그 숫자가 바로 150명입니다. 우리는 최대 150명과 사회적인 관계를 맺을 수 있다는 것이었습니다.

직장, 사회생활, 인터넷, 가족, 이웃을 통해 당신이 정기적으로 접촉하는 모든 사람을 떠올려보세요. 아마 150명보다는 훨씬 많을 것입니다. 그리고 이 관계들은 알게 모르게 당신에게 스트레스를 유발할 것입니다. 특히 이런 관계들이 수많은 일정들 사이에 문자메시지와 아주 짧은 전화 통화들을 통해 순간순간 틈입하고, 파티나 저녁 식사, 생일 등 챙겨야 하는 사회적 네트워크가 된다면 말입니다.

우리의 두뇌는 너무 많은 정보와 자료를 처리하고, 수많은 사람과 사회적 네트워크를 유지하느라, 결국 뇌의 용량을 초과하게 될지 모릅니다. 그 결과 우리는 타인과의 관계에 문제가 생겼을 때, 기념일을 잊어버리거나 친구에게 소홀해졌을 때 죄책감을 느낍니다.

딥 스크롤링

미국소아과학회American Academy of Pediatrics 연구원들에 따르면 지난 몇 년 동안 청소년 우울증 사례는 소셜 네트워크 속 콘텐츠의 낮은 품질과 밀접한 관련이 있다고 합니다. 우리의 친구인 예술가 페데리코 클라피스Federico Clapis는 소셜 네트워크를 좀 더 의식적으로 사용하는 방법을 가리키기 위해 딥 스크롤링deep scrolling이라는 용어를 만들었습니다.

딥 스크롤링 운동은 소셜 네트워크 활동을 치유적인 행위로 바꾸고자 하는 예술적·사회적 운동입니다. 우리의 디지털 생활 습관을 능동적이고 건강한 방향으로 이끄는 것입니다. 방법은 간단합니다. 쓸모없고 정신 사나운 것들을 올리는 계정의 팔로우를 취소하고 '영감을 주는' 페이지에만 들어가는 것입니다.

딥 스크롤링에 이어 우리가 당신에게 제안하고 싶은 활동은 양질의 콘텐츠를 게시하지 않고 부적절함, 당혹감, 좌절감 및 불만족의 감정을 일으키는 데 기여하는 계정의 팔로우와 좋아요를 취소하고 박물관, 예술가, 철학자, 시인, 영감을 주기 위해 기획된 프로젝트 등을 팔로우 리스트에 추가하라는 것입니다.
경이를 발견할 수 있는 장소로 옮겨갈 수 있는데 왜 굳이 하이데거가 Gerede, 즉 잡담이라고 부른 안뜰에서 지내고 있나요? 하이데거는 우리가 존재의 소리에 귀를 기울이려면 세상 사람들의 시끄러운 잡담과 호기심에서 멀어져야 한다고 말했습니다. 소셜미디어에서 보내는 시간을 병드는 시간이 아니라 당신을 돌보는 시간으로 쓰세요. 잡담은 당신을 죽게 합니다.
그런데 이 소셜 네트워크 돌봄 과정을 시작하려면 먼저 건강하고 튼튼하게 가지치기를 해야 합니다.

온라인 삶 가지치기

온라인 삶에서 불필요한 것을 정리하고 없애는 기술인 디지털 디클러터링은 건강한 정신 생태계를 위해 꼭 필요합니다. 마치 디지털 정원사처럼 당신의 개화를 방해하는 모든 가상의 잡초를 뽑아내는 것이죠. 옷 같은 물리적 물건은 크기가 명확히 보이기 때문에 정리가 단순한 반면 휴대전화에 있는 파일 및 앱, 그리고 소셜 네트워크에서 팔로우하는 페이지들이 만들어내는 혼란과 해악은 알아차리기가 좀 더 어렵습니다.

조지타운 대학교Georgetown University의 컴퓨터공학과 교수인 칼 뉴포트Cal Newport가 썼듯, 이것은 "우리의 가치와 일치하는 앱, 사이트, 온라인 서비스 등 소수의 디지털 활동을 신중하게 선택하고 그 밖의 것은 자발적으로 제거하는 기술의 실용 철학"을 취하는 것입니다.

휴대전화에 있는 모든 앱을 다이어리에 기록하고 그 앱들을 왜 설치했는지를 설명해보세요. 그리고 오늘부터 당신이 추가하는 앱과 팔로우하는 페이지를 모두 기록해두세요. 당신의 디지털 생활 패턴을 파악하는 것입니다.

당신과 소셜 네트워크 관리자에게 당신의 관심보다 더 중요한 것은 없습니다. 누구에게, 그리고 무엇에 관심을 바칠지를 신중하게 선택하세요.

하지만 유의하세요. 당신의 일상에서 모든 형태의 재미를 체계적인 삶의 교훈으로 대체하라는 것이 아닙니다. 이것은 품위 있게 즐거움(일상의 장소에서 벗어나는 것)을 경험하는 방법을 배우는 문제입니다. 소셜미디어는 괴로운 장소가 아니라 즐거운 배움의 공간이 되어야 합니다. 당장은 불가능해 보여도 할 수 있습니다. 공적인 공간은 모두에게 이로워야 합니다. 오늘날 우리의 공적 공간은 무엇보다도 디지털 공간을 포함합니다. 그 공간이 건강해져야 우리 모두도 건강해질 수 있습니다.

공허함 채우기의 중독성

우리는 사회적 문제에 대해 개인 차원의 해결책을 찾기 때문에 끊임없이 불안합니다. 우리는 내면의 공허함을 채우는 방법을 모르고 그것에 죄책감을 느끼지만, 공허함은 우리에게 달린 문제도, 오직 우리에게서 비롯된 것도 아닙니다. 우리는 방향을 상실한 느낌을 애써 지우려 하지만, 공허함을 채우기 위해 우리가 이끌어내는 전략은 오히려 상실감만 키울 뿐입니다. 무엇이든 더 많이 하고, 더 오래 일하고, 더 많이 생산하는 데 몰두하는 것이지요.

우리는 자신에게 항상 더 나은 성과를 요구하고 스스로와 세상의 기대를 맞추지 못하면 자신을 나쁘게 대합니다. 수행 불안은 매일 있는 경기에 참가하기 위해 주입하는 일종의 도핑이 된 것입니다. 앞에서 얘기했듯 우리가 느끼는 이런 고통은 우리 잘못이 아닙니다. 그것은 시대의 산물이며 집단적인 문제로서, 해결책 또한 집단적인 것일 수밖에 없습니다. 우리는 새로운 공동체 의식을 구축하는 일에 정진함으로써 우리를 집어삼키려는 이 블랙홀로부터 벗어나야 합니다.

타인이라는 경이를 발견하는 법

정신보건 혁명을 이끈 프랑코 바잘리아Franco Basaglia는 수년간 정신의학 분야에서 경험을 쌓고 사르트르와 푸코 연구를 해오면서 "가까이서 보면 아무도 정상이 아니다"라는 강렬한 농담으로 자신의 생각을 압축해 말했습니다.

먼저, 그는 인본주의의 중요성, 어떤 경우에도 존중받아 마땅한 인간의 기본권인 자유의 중요성을 이해했습니다. 두 번째로, 그는 정신병원에 대한 비판과 맞서 싸우며 정신착란의 치료자들을 좌절시키던 거센 공격을 막아냈습니다.

바살리아는 독특함의 가치를 알아볼 줄 알았고, 그 덕분에 이탈리아는 정신병원을 미친 사람들을 가두고 고문하는 장소로 보는 인식을 극복할 수 있었습니다.

융은 "나에게 건강한 사람을 데려오면 나는 그를 낫게 할 것이다"라고 썼습니다. 가까이에서 보면 우리는 모두 이상하고 경기, 기괴함, 강박, 두려움으로 가득 차 있습니다. 타인에게서 경이로움을 발견하는 법을 배우는 것은 인간 존재를 탐구하는 열쇠입니다. 게다가 가까이서 보면 사실 그 누구도 정상적이지 않습니다. 시인의 시선 아래에 놓이면 어떤 것도 평범하지 않습니다.

적절한 시간을 들여 바라볼 줄만 알면 됩니다. 자신을 다시 지루하게 두고, 공백을 만들어야 합니다.

지루함, 휴식의 기술

지루함은 창의력이 발휘되는 데 필수적인 조건입니다. 피상적인 오락 활동에 시간을 낭비하지 않고 지루한 상태에 머무르면 시간이 확장되고 텅 빈 공백을 경험할 수 있습니다. 지루함은 스스로에게 집중할 수 있는 시간을 만들어줍니다. 오늘날 우리가 겪는 과잉주의hyperattention 상태와는 매우 다른 것이지요. 과잉주의는 우리로 하여금 활동적이고 열심히 살고 있다는 착각을 일으키지만, 사실은 우리를 번아웃burn-out에 가까운 만성 피로에 빠지게 만듭니다. 대부분의 소셜 네트워크는 지루함으로부터 우리를 구해내겠다며 자극적인 오락 콘텐츠를 끊임없이 제공하지만, 그것은 앞에서 보았듯 산만함을 유발할 뿐입니다.

우리는 지루함에 대한 내성이 너무나 부족해졌으며, 딱히 할 일이 없어 빈둥거리는 시간을 마치 맞서 싸워서 퇴치해야 할 해로운 상태로 인식합니다. 하지만 지루함은 우리의 두뇌와 내면의 성장에 꼭 필요한 것입니다. 한병철이 쓴《피로사회》의 한 구절을 인용하자면 "잠이 육체적 휴식의 절정인 것처럼 깊은 지루함은 영적 휴식의 절정"인 것입니다.

따분함을 즐기는 시간

지금 곧장 당신을 지루하게 만드세요. 지금 당신이 보고 있는 책을 내려놓고 잠시 빈둥거리세요. 마음을 먹으면 스스로를 따분하게 만들 수 있는지를 확인해보세요. 매일 지루한 시간을 조금씩 가지세요. 슈퍼마켓 계산대에서 줄을 서고 있나요? 변기에 앉아 있나요? 심심하고 지루할 때 즐겁고 자극적인 무언가를 찾아 스마트폰을 꺼내 들지 마세요. 그저 그 상태에 머물러 보세요. 그랬나요? 그럼 다음 단락으로 넘어가세요.

내면의 건강을 지키려면

소셜미디어를 사용하는 것은 마치 매일 뷔페에서 음식을 먹는 것과 같습니다. 만약 적절하게 식욕을 자제할 줄 안다면 위장도 건강도 지켜낼 수 있지만 식욕이 이끄는 대로 구미가 당기는 음식들을 욕심껏 접시에 담는다면 결국 위장도 건강도 잃게 됩니다.

당신이 읽는 소셜미디어 게시물들은 당신의 내면과 의식에 아주 많은 영향을 미치고 있습니다.

정크 푸드는 열량은 높지만 영양가는 낮은, 시중에 많이 유통되는 즉석식품입니다. 웹상에는 영양가 있는 좋은 것들도 많이 있지만, 문제는 그것들에 이르려면 오래 튀겨진 감자튀김, 그저께 먹다 남은 맛살, 정체를 알 수 없는 음식들 앞을 지나와야 한다는 것입니다.

당신이 인종차별과 혐오를 조장하는 게시물 앞에서 멈추지 않고 빠져나온다고 해도, 좋아요를 유도하는 허풍 많은 게시물들은 보지 않곤 못 배길 가능성이 큽니다.

그것들이 내면의 건강을 해친다는 것을 알아야 합니다. 이런저런 나쁜 사람을 향한 조잡한 분노와 이런저런 훌륭한 사람을 향한 과장된 찬사를 매일같이 먹는 것은 몸에 좋지 않습니다. 절제를 잃은 소셜미디어 게시물이 만연해진 까닭은 빨리 소비되고 즉시 배를 불려 식욕을 채워주기 때문입니다. 하지만 얼마 지나지 않아 다시 배가 고파지죠. 사람을 며칠 만에 바보로 만들고 세상이 선과 악 이분법으로 나뉜다고 믿게 만들기도 합니다.

소셜미디어는 아주 불균형적인 식단입니다.

세상은 그보다 훨씬 더 크고 훨씬 더 깊습니다.

당신의 가치관을 완전히 다시 재고할 마음의 준비가 됐나요? 아직 그 과정이 부담스러워서 준비가 될 때까지 자기 돌봄 개념을 좀 더 다지는 게 나을까요?

자기 돌봄은 철학의 역사와 그 실천에서 가장 중요한 개념입니다. 자기 돌봄이 무엇인지를 더 탐구하고 싶다면 3장으로 가세요. 자기 돌봄의 방법을 더 자세히 들여다보지 않아도 될 것 같다면 7장으로 가세요.

9장

충만한 삶은 시각을 바꾸는 데서 비롯된다

관점 다루기

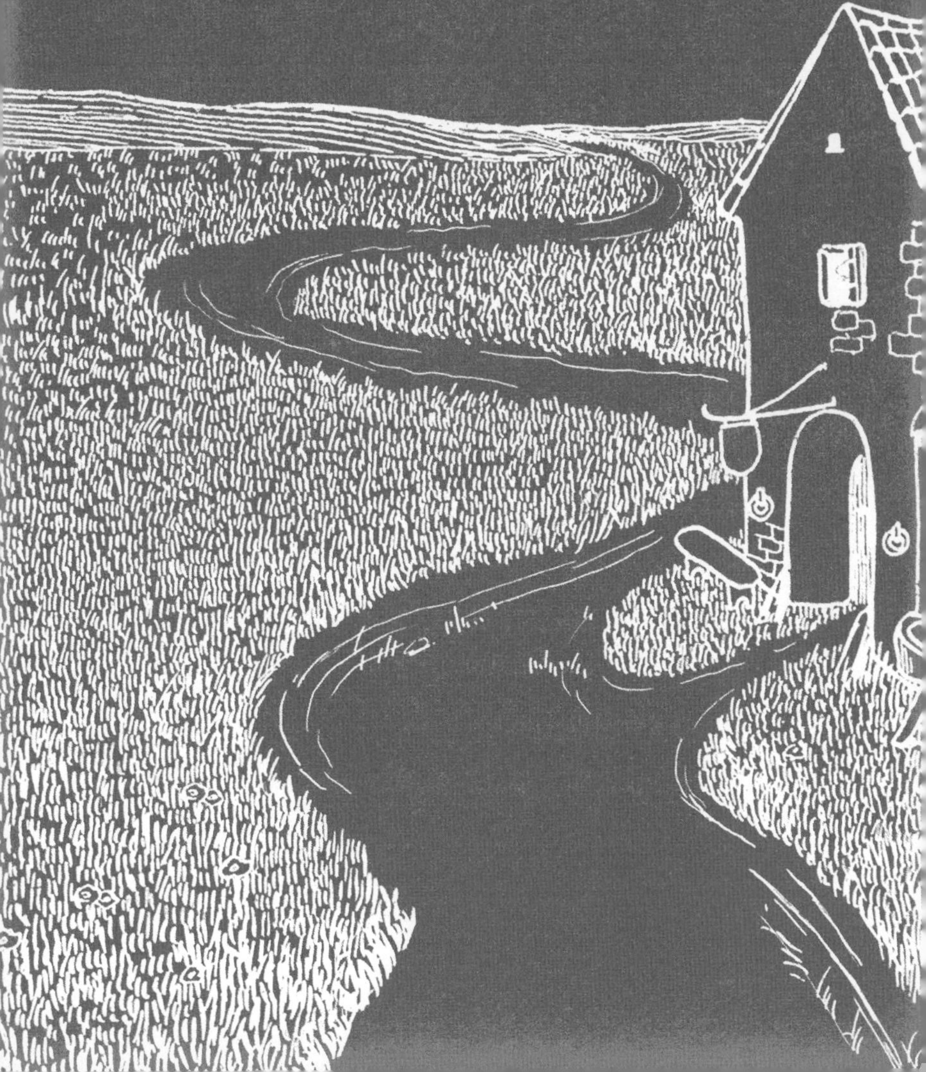

이야기를 하는 것은 세상뿐만이 아닙니다. 당신의 삶도 이야기를 하고 있지요. 삶은 대체로 수다스럽지만 당신은 여간해선 잘 귀를 기울이지 않습니다.

당신은 살면서 많은 일들을 겪는데, 만약 다른 누군가가 당신에게 이야기를 잘 해준다면 그 일들은 분명 매우 흥미롭게 보일 것입니다. 하지만 당신은 당신의 과거와 현재를 마치 하나의 견고한 덩어리처럼, 지금의 당신을 만든 다소 고통스러우면서도 일말의 의미가 있는 평범한 사건처럼 바라봅니다.

당신이 손에 들고 있는 이 책을 바라보세요. 자, 보세요. 입체적으로 제대로 살펴보는 겁니다. 읽고 있는 문장에서 눈을 떼고, 종이(촉감이 좋다)와 글꼴(우아하고 가독성이 좋다)을 살펴보세요. 페이지 레이아웃과 책의 크기, 표지의 색상을 살펴보고 책의 무게감과 질감들을 손가락으로 느껴보세요. 전체적으로 꼼꼼히 살펴보세요. 이쯤 됐으면 책을 꽤 많이 읽은 것인데도 방금 말한 것들을 제대로 살피거나 느끼지는 못했을 것입니다. 만약 전자책 단말기로 읽고 있다면 조금 더 어렵겠지요. 종이의 촉감도 느낄 수 없고 글꼴과 레이아웃 등은 당신이 선택하는 것이니까요. 이렇게 책을 입체적으로 바라보면 책을 구성하는 단어들 이외에도 책의 어떤 부분들이 계속해서 눈에 띕니다. 그것들은 사실 5분 전에도 여기, 페이지들 사이에 있었지만 당신이 미처 인식하지 못한 것들이죠. 이제 와서야 더 잘 보이는 것입니다.

이미 거기에 있었지만 흥미를 끌기에는 너무 가까웠던 것입니다. 모든 사물이 다 그렇습니다. 삶의 이치죠.

이번에는 책으로 경험했지만 다음에는 강아지, 석양, 예술작품, 또는 사람이 그 대상일 수 있습니다. 어쩌면 당신의 삶도 이와 같을지 모릅니다. 당신에게 아주 가까이 밀착되어 있어 오히려 잘 보이지 않는 것이죠. 너무 가까이서 바라보면 입체적으로 보지 못하고, 그래서 놓치는 것들이 생깁니다. 우리가 거리를 두는 법을 배워야 하는 이유입니다. 내면의 눈을 다시 한번 점검해봐야 합니다.

오래된 것을 새롭게 보기

프랑스 작가 귀스타브 플로베르Gustave Flaubert는 샤토브리앙Chateaubriand의 말을 인용하여 그의 대자 모파상Maupassant에게 "재능은 긴 인내심이다"라고 말했습니다. 《마담 보바리》를 쓴 이 작가는 사실 몇 년에 걸쳐 고행 같은 글쓰기 훈련을 했고, 청년 모파상에게 자신이 터득한 글쓰기의 기술을 전수하며 그의 재능을 돌보고 있었습니다.

플로베르가 모파상에게 처음으로 시킨 것 중 하나는 나무 앞에 서서 두어 시간 동안 그것을 새로운 말로 묘사하는 시도였습니다. 그것들은 뿌리, 잎사귀, 줄기가 아니었습니다. 시인의 묘사 덕분에 품위를 얻게 된 미지의 조각이었습니다.

그 장면을 상상해보세요. 재능은 많지만 인내심이 부족한 청년을 어떤 나무 앞에 데려온 플로베르는 얼마 지나지 않아 그에게 러시아 사실주의 문학의 거장인 투르게네프와 프랑스의 자연주의 소설가 에밀 졸라Émile Zola 같은 인물들을 소개해주기도 합니다. 청년에게 플로베르는 알고 있는 모든 것을 잊고 진정으로 나무를 만나라고 조언합니다. 청년은 고군분투하지만 실패합니다. 그러고는 배우지요. 그리고 이 연습 또한 그가 이후 역사에 남을 글들을 쓰는 데 도움이 됩니다.

플로베르의 가르침은 글쓰기에만 유효한 것이 아닙니다. 철학자 에드문트 후설Edmund Husserl의 말을 빌리자면, 이런 현상학적 사고방식은 당신이 종사할 생각이 있는 어떤 직업에서도 기본이 됩니다. 관행을 해체하고 새로운 것에 마음을 열기 위한 핵심적인 접근인 것입니다.

이해가 되었을 테니 직접 해보세요. 나무, 펜, 물병, 칼, 이 책 등 물체를 하나 선택하고 마치 당신이 그것을 본 최초의 인간인 것처럼 관찰을 해보세요. 다음 페이지에 본 것을 묘사해보세요. 물병은 더 이상 물병이 아닙니다. 식수를 담는 용도로 쓰이는 게 아닌 것입니다. 그 이상을 상상하고, 그것을 진정으로 만나보세요.

이에 관해 플로베르는 다음과 같이 설명했습니다. "우리가 표현하고 싶은 것을 오랫동안 많은 관심을 기울여 살펴보아야 합니다. 그 누구도 보거나 말한 적이 없는 면을 발견할 정도로 말입니다. 모든 것에는 탐구되지 않은 무언가가 있습니다. 왜냐하면 우리는 우리가 바라보는 것에 관해 우리 이전에 탐구된 것만을 기억하며 우리의 눈을 사용하는 데에 익숙해졌기 때문입니다. 가장 시시한 것에도 일말의 미지는 있습니다. 찾아봅시다. 타오르는 불과 평원의 나무를 묘사하기 위해, 그것들이 우리에게 더 이상 어떤 다른 불과 어떤 다른 나무와도 비슷하게 보이지 않을 때까지 그 앞에 머무릅시다. 이것이 독창적일 수 있는 방법입니다."

새로운 관점을 만드는 이야기의 힘

영화 〈웨이킹 라이프Waking Life〉를 보신 적이 있나요? 리처드 링클레이터Richard Linklater 감독의 2001년 역작인 이 영화의 제목은 미국의 철학자 조지 산티야나George Santayana의 명언 "깨어 있는 삶은 통제된 꿈이다Waking life is a dream controlled"에서 영감을 받은 것입니다. 이 대단한 영화는 수십 년 동안 철학부 학생들 간에 오랜 토론을 촉진했으며, 링클레이터가 〈스캐너 다클리A Scanner Darkly〉에서 시도한 것과 동일한 기법인 로토스코프rotoscope를 사용했습니다.

이런 멋진 작품들 속에서 우리는 영화와 만화의 중

간에 있는 듯한 그림을 마주하게 됩니다. 사실 로토스코프는 미리 촬영한 영화의 장면들을 다시 그려내는 애니메이션 기법입니다. 그 효과는 언제나 놀랍고 꿈결 같습니다. 평범하던 장면들은 일단 한번 다시 그려지면 기묘하고 특이한 특징을 갖게 됩니다. 춤을 추는 것 같은 윤곽과 묘한 색상은 모든 것을 좀 더 긴장감 있게 만들며, 이 기술로 만든 영화의 말하고자 하는 바는 훨씬 더 깊고 강렬하게 드러납니다(이 장르의 대가는 랄프 박시Ralph Bakshi이며, 좀 더 최근의 것을 찾는다면 프라임 비디오에서 훌륭한 TV 시리즈 〈언던Undone〉을 보세요).

로토스코프가 영화에만 국한되는 기술이라 다른 예술에는 적용이 안 된다고 생각할 수도 있겠지만 그 기법은 어디에나 적용 가능합니다.

로토스코프는 영화감독이자 만화 구성작가인 알레한드로 조도로프스키Alejandro Jodorowsky의 소설 《새가 가장 잘 지저귀는 곳Donde mejor canta un pájaro》에도 사용되었는데, 이 원제목은 영화감독 장 콕토Jean Cocteau의 말 "새는 자기 가족의 나무에서 가장 잘 지저귄다Un pájaro canta mejor en su árbol genealógico"를 인용한 것입니다.

우리가 팟캐스트 시리즈 〈오더블 클럽Audible Club〉에서 분석한 이 기념비적인 작품에서 칠레 출신 예술가인 저자는 자기 가족의 역사를 처음부터 다시 씁니다. 그는 러시아와 남미 사이에서 자신의 모계와 부계 조상에게 일어난 우여곡절 등 구체적인 사실과 실제 사건들을 다루며 그 위에 상상의 모험 일부를 그려 넣습니다. 하나만 얘기하자면, 한 댄서의 평범한 죽음은 역사상 가장 놀라운 댄스 쇼가 되며, 춤추는 몸은 불꽃놀이로 폭발합니다. 각 가족 구성원의 독특한 특성은 그 삶의 의미를 완전히 드러내기 위해 모두 기괴하거나 비현실적인 한계까지 확대되고 과장됩니다. 잘 보면, 그것은 조상들의 존재를 향한 깊은 존경심의 형태입니다. 조도로프스키가 소설에서 충실하게 내보이는 것은 이야기의 객관성이 아니라 신성한 거짓말, 신화적 서술입니다. 그것이 진실에 훨씬 더 가까워지는 방법이지요.

그에게 큰 영감을 준 G.I. 구르지예프가 썼듯, "진실은 거짓말의 형태로만 이야기될 수 있습니다." 그 이유는 "현실은 꿈의 점진적인 변형"이기 때문이라고 조도로프스키는 그런 신성한 속임수에 대해 이상적으로 설명을 이어나갑니다. 게다가 "무의식에 지성의 언어를 가르치는 것은 불가능하므로 무의식의 언어, 즉 주로 논리에 반하는 이미지와 행동으로 구성된 언어를 지성에 가르쳐야" 하기 때문입니다.

프랑스의 철학자 장 폴 사르트르Jean Paul Sartre는 썼습니다. "선택이 필요하다. 삶을 살 것인가, 이야기할 것인가." 안타깝게도 그는 "살 때에는 아무 일도 일어나지 않는다"고 덧붙였지요. 여기서 어떻게 빠져나가야 할까요?

삶 속에서 삶을 이야기하고 삶의 의미를 제대로 발견하고 있는지를 확인할 방법을 찾아야 합니다. 이야기를 하는 과정은 우리의 생물학적 생존의 관점에서도 중요합니다. 경험과 해석, 감정들을 하나로 묶는 이야기라는 실마리가 없었다면 세상은 이해할 수 없는 것투성이에 과거는 연결되지 않은 돌연변이 조각들의 연속으로 보일 것입니다.

당신의 삶을 이야기하는 능력에 당신의 삶이 달려 있습니다. 필요하다면 여기저기에 몇몇 변화를 줄 줄도 알아야 합니다. 삶의 이야기를 수정하고 재구성하는 것은 학습 장애 등의 인지 장애나 정서 장애를 치료하는 데도 매우 유용하다는 게 입증되었습니다.

거짓말을 하라는 게 아닙니다. 삶을 편집하는 법을 배우라는 것입니다.

결말을 다시 조립하는 법

로토스코프의 의미를 제대로 이해하려면 실행에 옮겨봐야 합니다.
과거에 일어난 일 중 제법 들뜨는 것 하나를 선택해보세요. 떠올리면 일종의 긴장감이 드는 사건이자 좋은 의미로, 또는 흔히 나쁜 의미로 당신에게 중요했던 어떤 사건 말입니다. 대학교에서 네 번의 시도 끝에 시험을 통과했을 때라든지, 많은 꿈과 약속을 나눈 연인이 갑자기 당신을 떠났을 때, 아버지께서 마침내 당신이 자랑스럽다고 말했을 때, 또는 모든 것이 마침내 자리를 잡은 것 같았는데 세상이 당신 위로 무너졌을 때 등등. 시간을 들여 잘 선택을 해보세요. 정말 중요한 일이라고 생각하고 선택해야 합니다.
그러고는 이제, 로토스코프 기법을 적용하세요! 링클레이터가 〈웨이킹 라이프〉에서, 조도로프스키가 《새가 가장 잘 지저귀는 곳》에서 한 것처럼 그 위에 그림을 그려보세요. 이야기에 초현실적 환상과 동화나 신화 같은 요소를 추가하세요. 재구성을 하는 것입니다.

다이어리에 모두 적고 서두르지 마세요. 이 활동을 잘 하려면 시간이 좀 걸린다는 것을 기억하세요.
당신이 겪은 일의 시나리오를 바꿔보는 것입니다. 예를 들면 열한 살 때 감동적인 피아노 연주를 들은 그 공연장을 베로나의 아레나 또는 시리우스 B별에 있는 수중 도시의 붐비는 광장으로 바꿔보세요. 가상의 인물이나 동물, 신, 우주선, 공룡, 공정한 사회 등을 당신이 선택해서 이야기에 추가하세요.
그리고 만약 이야기의 결말이 마음에 들지 않는다면 바꾸세요. 막힌 길에 조각을 더하고, 과거에는 나오지 않은 말을 내뱉고, 부러진 부분을 다시 이어 붙이세요.
우리는 이 실존적 로토스코프 연습을 많은 워크숍에서, 심지어는 회사를 상대로도 진행을 해왔습니다. 그리고 그 결과는 매번 놀라웠습니다. 당사자가 이 도전을 의욕을 가지고 받아들이기만 한다면 말이죠. 당신의 이야기에 상상을 더해 다시 이야기를 변주하면서 당신은 잃었다고 생각했던 에너지를 되찾을 것입니다.

고려한다는 것

만약 어떤 사실들이 너무 가깝거나 너무 멀리 있다면 그것들의 의미와 가르침을 알아차리지 못할지도 모릅니다. 초점의 문제인 것입니다.

노련한 심리학자 칼 구스타브 융은《환상 해석》에서 점성술 이야기를 하며 다음과 같이 아주 분명하게 썼습니다. "인간의 영혼은 마치 별들에서 비롯된 특성으로 이루어진 것 같습니다. 별들은 우리의 심리에 잘 맞는 특성들을 가진 것처럼 보입니다. 원래 점성술이 인간 무의식의 심리를 별에 투영한 것이기 때문에 일어나는 현상입니다. (…) 우리 자신에 대한 가장 속 깊은 곳의 비밀스런 지식들이 때로는 하늘에 기록되어 있는 것 같습니다. 좀 더 개성 있고 진실한 나의 성격을 알기 위해서는 하늘을 들춰보아야 하고 나 자신 안에서 직접 볼 수는 없습니다."

여기에서 점성술의 신빙성이나 그것의 비과학성을 논하려는 건 아닙니다(사실상 우리도 염소자리니 궁수자리니 이야기를 하지요). 그보다는 융의 글이 의미하는 바를 이해하는 게 더 중요합니다.

그럼 슬쩍 올려다보지 말고, 이 단락의 제목은 무엇이었는지 기억해보세요. 기억이 나나요?

기억이 날 수도 안 날 수도 있을 것입니다. '고려한다는 것'이었죠. 뭔가를 잊어버리는 것은 흔한 만큼 위험합니다. 우리도 수업이나 컨퍼런스에서 청중으로부터 질문들을 받아놓고 잊어버려서 흐름을 끊는 일이 한 번씩 있었습니다. "처음 질문하신 분, 뭐라고 하셨죠?" 하고 물어봐야 했던 것입니다.

보통은 어느 누구도 그 질문을 바로 기억해내지 못합니다. 대중 강연에서 사람들은 강단에서 나오는 말을 듣는 데 관심이 있지, 대중이 묻는 질문에는 대체로 관심이 없습니다. 강연을 들으러 온 사람이 말을 하면, 사람들은 코웃음을 칩니다. 어떤 개입이든 지루한 시간 낭비로 보이지요. 사람들은 전문가가 아닌 사람의 말에는 대체로 귀를 기울이지 않습니다. 정말 안타까운 일입니다. 왜냐하면 이야기들은 늘 주변부에서 발견되기 때문이지요. 측면의 입장에서 예상치 못한 번뜩이는 실마리와 이해를 얻는 법입니다. 전문가들의 말만 듣을 게 아니라 그 주변부에도 귀를 여는 것이 최고의 교훈을 얻을 수 있는 방법입니다.

그건 그렇고, '고려' 이야기를 하고 있었습니다. 좋은 단어죠. 살펴봅시다. 이 단어는 라틴어 con-siderare에서 파생된 것으로, 말 그대로 '별과 함께 머물다'는 뜻입니다. 즉, 별을 관찰하여 전조와 표시들을 읽어내는 것입니다. 이는 두 가지를 의미합니다. 별은 길을 가리켜주며, 이런 표시들은 읽고 실행할 수 있다는 것입니다.

충분히 고려하지 않으면 안 좋은 일이 일어납니다. 얼어버리는 것이죠. 이탈리아어로 동상을 뜻하는 단어 assiderazione의 어원이 분명히 보여줍니다. 민간의 이야기에 따르면 별의 악한 영향에 치인다는 뜻이라고 하죠. 별들이 불운과 행운을 보낸다는 이런 단순한 생각에서 벗어나 자세히 보면, 동상은 말 그대로 별들의 표시로부터 멀리 떨어져 있는 것입니다. 융이 쓴 것처럼 무의식을 별들에 투영할 때 어떤 표시도 알아볼 수 없다면, 동상으로 죽는 사람들에게 일어나는 것과 똑같이, 움직이지 못하게 될 것입니다.

반대로, 고려할 줄 안다면 행동할 줄 아는 것입니다.

별을 담고 있는 단어가 하나 더 있습니다. 바로 '바라다'라는 뜻의 이탈리아어 desiderare입니다. 라틴어 desiderantes는 전투가 끝난 후 아직 돌아오지 않은 동료들을 별 아래에서 기다리던 군인들을 뜻하던 단어였습니다(율리우스 카이사르가 《갈리아 전기》에서 그 이야기를 합니다). 그러니까 바란다는 것은 별 아래서 기다리는 것, 희망으로 타오르는 기대와 관련이 있는 것입니다.

어원에 관한 여담은 여기서 끝내겠습니다.

하지만 단어들을 살펴보는 것을 결코 그만둬서는 안 됩니다. 멋진 단어를 만날 때마다 발음을 해보며 여운을 느껴보세요. 하루 동안 그 단어를 당신과 함께 간직하고 다녀보세요. 그 단어를 빛내는 연습을 해보세요. 시인 에밀리 디킨슨이 쓴 다음의 문장을 생각해보세요. “나는 세상에서 단어보다 힘이 센 것을 알지 못한다. 때때로 나는 단어를 하나 쓰고, 그것이 빛나기 시작할 때까지 지켜본다.” 일반적으로 사용되는 단어가 갑자기 대단하게 보이던 적이 있지 않나요? 예를 들면, 우리는 아르마딜로와 접속, 수정액, 도로 표면 등의 단어로 그런 경험을 했습니다. 돌연히 우리는 그런 단어들에 귀를 기울여본 적이 없으며 그들의 무게를 제대로 이해한 적이 없다는 것을 깨달았습니다. 언덕이라는 단어의 힘을 깨닫지도 못한 채 어떻게 그리 수년간 써왔을까요? 그리고 이런 놀라움은 어떤 의미나 뒤에 숨겨진 흥미로운 어원에서 비롯되는 것이 아닙니다. 오히려 그것은 우리가 단어를 보는 방식에 의한 것입니다. 따로 떨어뜨려 하나씩 바라볼 때 마침내 그 위엄이 모두 드러나는 것입니다. 모든 단어에는 언어가 끝없이 탄생하는 창의적인 심연을 엿볼 수 있는 작은 구멍이 있습니다.

단어의 역할은 무엇인가요? 말을 하는 데 쓰이면서 문법적 기능을 나타낸다고 답할 수 있을 것입니다. 물론 맞습니다. 하지만 단어는 무엇보다도 우리가 즐거움을 경험하고 고통을 관리하는 데 쓸 수 있는 마법 같은 도구입니다. 말을 하기 위해 단어를 사용한다는 사실은 부차적인 것이지요. 단어들을 통해, 그러니까 우리가 사물, 감정, 행동에 붙이는 이름들을 통해 우리는 이성을 부여받은 존재인 우리와 우리 주변에 있는 것 사이의 거리를 좁힙니다. 우리가 이성적으로 생각을 시작하면서 생겨난 거리로, 단어들이 아니었다면 메울 수 없었을 것이지요.

그토록 많은 것을 깨닫게 하는 대단한 도구인 이성은 세상으로부터 당신을 분리시키고 당신이 세상 및 자연과 다르다는 느낌을 받게 합니다. 이성적으로 생각한다는 것은 외부를 향한 움직임입니다. 세상에서 당신을 분리해야만 측정이 가능하기 때문입니다.

문제는 세상에서 나오면 괴롭다는 것입니다. 세상과 하나로 존재하는 자연스러운 즐거움을 잃어버리기 때문이지요. 바로 여기, 스스로 모순되는 이성의 항체로서 단어들이 구조의 역할을 합니다. 이탈리아어로 '단어'

를 뜻하는 parola는 라틴어로 '비유'를 뜻하는 parabola에서 비롯되었고, 이는 또 그리스어로 '옆에 두다'는 뜻의 paraballo에서 파생되었습니다. 단어들을 사용할 줄 안다는 것은 사물을 비교하고 비유할 수 있음을 의미합니다. 결과적으로 그것은 사물들을 서로 더 가깝게 하는 방법입니다. 각각의 단어는 통합과 접근에 유용한 이야기를 들려주니까요.

여기서도 결국 동적 평형이 중요합니다. 너무 가깝지도 너무 멀지도 않아야 하는 것이지요. 게다가, 단어들은 우리는 그 일각, 즉 의미만 보지만 사실 진화, 사건, 삶으로 이루어진 거대한 역사가 있는 빙산입니다. 어원을 따라가다 보면 단어의 기원을 아는 데 그치지 않고 단어의 변화, 가치, 그리고 무엇보다도 의지를 캐냅니다. 책의 경우와도 마찬가지로, 우리는 오직 상상의 놀이를 함으로써 단어들이 살아 있고, 성장하고, 죽으며, 때로는 다시 태어나, 어떤 식으로든 어느 방향을 가리킨다는 것을 이해할 수 있습니다.

단어를 하나 고르고 시간을 들여 그 단어를 탐색해 보세요. 마치 수면에서 빙산을 들어 올리듯 단어를 들어 올리세요. 환하게 빛을 뿜을 것입니다. 당신에게 그 빛의 기운이 스밀 만큼 말이죠. 올림픽 종목에 역기가 있듯 철학에도 올림픽이 있다면 단어 들어 올리기는 필수 종목이 돼야 할 것입니다.

한번 해보세요. 단어를 몇 개 추천해드리겠습니다.

- 커틀릿
- 거만함
- 셀리악
- 바닐라

잘 들어 올리시길!

마음이 급한가요? 그렇다면 12장으로 가세요.

그게 아니라면 7장으로 가세요.

10장

당연한 것들과 헤어질 용기

회복력과 저항력

사람들이 일상적으로 사용하는 표현 중에는 그것의 진정한 목적이나 자신에게 미치는 영향을 생각하지도 않고 쓰는 것들이 있습니다. 언젠가부터 자주 쓰였던 표현 중 하나는 이탈리아의 백만장자 지안루카 바키Gianluca Vacchi의 왼손 손등에 문신으로도 새겨진 단어, resilienza입니다. 이탈리아어로 회복력을 뜻하는 이 단어는 대부분의 사람이 자신을 착취하고 소진하여 모두가 피로하게 된 현대 사회의 문제를 돌파할 수 있는 완벽한 해법으로 생각하는 것이기도 하지요.

어떤 일에도 크게 휘둘리지 않고, 불행한 상황에 처

하더라도 다시 일어서고, 인생의 시련과 트라우마에 언제나 최선의 방법으로 대응하도록 자기 자신을 통제할 줄 알아야 한다는 것입니다.

하지만 일반적으로 쓰이는 회복력의 개념을 자세히 들여다보면 이런 조언들이 무색해집니다.

사실 회복력이라는 단어는 원래 공학에서 차용된 용어로 생물학, 컴퓨터과학, 생태학, 심리학을 지나 최근에는 충동을 참는 능력, 외상이나 변화를 겪은 후 원래 자신의 모습으로 되돌아가는 능력을 설명하는 것이 되었습니다. 변형되었다가도 다시 원래대로 돌아가는 금속처럼 당신도 그렇게 해야 한다는 것입니다. 아무렇게나 때리고 굴려도 이전 상태로 돌아가는 오뚝이처럼 어떤 녹아웃을 당하든 다시 일어나라는 것이지요.

회복력이라는 용어의 가장 흔한 해석이자 그 개념을 적용함에 있어 건강하지 않은 점은, 어떤 상황에서도 가능한 한 빨리 정상의 상태로 돌아가야 한다는 생각입니다. 이런 생각을 비판 정신 없이 받아들이면 다른 문제들을 흡수하게 될 위험이 있습니다. 고통과 피로를 부인하고, 어두운 밤을 살아낼 의지를 잃으며, 어려움을 견디는 법을 배우지 못하는 등의 문제가 생길 수 있는 것입니다. 자신에게 어두운 공간은 결코 허용하지 않으려 할 테니까요. 회복력이 있다는 것은 비효율적이고 불완전하고 부서진 채로 따로 떨어져 머무는 사치를 누릴 여유도 없이 끊임없이 존재의 무대에 다시 올라야 하는 것입니다.

그런데 고통은 반드시 축복으로 변화시켜야 하는 것은 아닙니다. 때때로 고통은 고통으로 남아 있어야 합니다. 무엇보다도 고통은 괴롭기 때문이지요. 금속 따위에나 적용해야 할 물리적 세계의 개념을 서둘러 좇아야 할 도덕적 이상으로 해석하여, 자신이 외부 상황보다 언제나 더 강하고 모든 것에 적응할 수 있다는 것을 보여줄 필요는 없습니다.

회복력은 대체로 아무 문제 없는 세상으로 돌아가고자 하는 바람을 나타내며, 현재 상황을 바꾸기 위해 취해야 할 구체적인 행동을 제시하지 않습니다. 당신은 '나는 회복력이 있지만, 위와 같은 생각은 삶에 대한 나의 접근 방식이 절대 아니며, 나는 문제가 없는 세상을 원하는 게 아니다!'라고 생각하고 있을지도 모르겠습니다.

그렇다면 이 장을 계속 따라 읽어나가세요. 어쩌면 당신의 태도를 설명하는 새롭고 덜 남용되는 용어를 마주하게 될 것입니다.

감당할 수 없는 세계를 맞닥뜨렸을 때 대부분의 사람들이 할 수 있는 유일한 일은 자신과 자신의 정체성을 보호하는 것뿐입니다. 하루 중 피할 수 없는 토네이도가 지나간 후 오직 안정을 찾기 위해서 애를 쓰는 것처럼요.

우디 앨런Woody Allen의 영화 〈왓에버 웍스Whatever Works〉의 주인공 보리스 옐니코프는 혼돈과 사람 간의 기만만이 승리하는 이 세상에서, 가능하기만 하다면 약간의 기쁨을 낚아채라고 말합니다.

만약 인생에 의미가 없다면 주변에서 생기는 일만 해결하고 불필요한 갈등 없이 인생을 탈출하는 것이 나을 것입니다. 문제는 이런 태도가 인생에서 경이로움을 죄 빼앗아버리고 숨은 의미마저 제거하며, 결국 세상이 필요로 하는 수동적인 사람이 되도록 이끈다는 것입니다. 그리고 종래는 당신을 어떤 위험이나 거리낌 없이 씹어 뱉어버릴 수 있는 존재로 만들지요. 현대 사회에서는 회복력이 있는 사람들을 곧잘 테스트 상대로 삼습니다. 얼마나 잘 이겨내는지 보는 겁니다.

그렇게 삶의 타격에 순응하고, 금욕적인 태도를 가장하려 하면서 회복력은 단순히 무력함이 됩니다. 넘어진 후 일어나는 일에만 점점 더 능숙해지는 것이지요. 하지만 바닥에 붙어 있는 것은 에너지를 비축하는 데 좋습니다.

개인들이 회복력(흥미로운 인류학적 연구가 수행된 지역 사회 및 인간 집단의 회복력과는 많이 다릅니다)을 가지려는 건 대체로 체념과 만성 불안 속에 살면서, 사물에 대한 통제력을 잃었거나 삶의 새로운 의미를 만들어내는 게 두려워서입니다. 마지못해 취하는 자연스러운 태도죠.

책《국가가 조장하는 위험들》에서 저자 에반스Evans와 리드Reid는 다음과 같이 설명했습니다. "회복력은 자유주의에서 신자유주의 체제로의 근본적인 정치적 전환의 일부이며, 파괴적이고 반인도주의적인 함의가 담긴 새로운 파시즘입니다."

저항력 되찾기

공학에서 빌린 용어를 정말로 쓰고 싶다면 어떤 흐름의 통과를 막는 몸체의 능력인 저항의 개념을 쓰는 것부터 시작하세요. 저항하는 사람은 긴장이 풀리기만을 기다리지 않고, 아무 일도 없는 척하지 않으며 적극적으로 맞섭니다.

회복력이 있는 몸은 수동적인 몸인 반면, 저항하는 몸은 대립하는 힘에 부상과 변형을 겪으며, 현재 일어나는 일을 받아들이는 살아 있는 몸입니다. 고통과 불쾌감을 느끼면서도 계속해서 맞서는 것입니다. 저항한다는 것은 경험을 하고, 총체적 파괴에 맞서기 위해 상처를 입는 위험마저 감수하는 것을 의미합니다. 지금과 같은 때에는 무지, 인종차별주의, 점진적인 권리의 억압 등을 흡수할 준비가 된 회복력 있는 사람들보다도 넘을 수 없는 윤리적, 사회적, 정치적 한계를 설정하는 새로운 저항력의 출현이 더욱 필요합니다.

저항력은 니체가 능동적 허무주의라고 부른 개념의 출발점입니다. 당신의 저항력은 당신을 무너뜨리기도 하고 아무것도 바꾸지 못할 수도 있지만, 어쨌든 당신은 외력에 맞서고 완전한 파괴를 받아들이지 않으며, 이런 당신의 시도는 개인적 이익뿐만 아니라 새로운 윤리 및 공유 가치 체계를 지켜내기도 합니다.

수동적인 사람들과 마찬가지로, 능동적 허무주의자들 또한 삶의 의미가 없음을 자각하지만, 그저 되는 대로 자포자기하는 게 아니라 삶의 복잡함과 혼돈을 인정합니다. 그것이 전자와 다른 점이지요. 현재 상태와는 다른 자신이 되려는 준비를 하지만 세상과 발을 맞추는 것도 결코 포기하지는 않는 겁니다.

저항이라는 단어는 라틴어 re-sistere에서 비롯되었으며, 이는 말 그대로 확고하고, 강하고, 안정적으로 존재하는 것을 의미합니다. 이러한 것은 쉽게 지킬 수 있는 게 아니지요. 그래서 우리는 저항력을 잃지 않도록 끊임없이 경계해야 합니다.

영국의 시인 딜런 토머스Dylan Thomas의 말에 따르면 저항력이 있다는 것은 결코 고분고분하지 않고, 빛의 죽음에 대해 분노하기를 멈추지 않는 것을 의미합니다.

오뚝이보다는 레고처럼

철학자 나심 니콜라스 탈레브Nassim Nicholas Taleb는 회복력도 없고 저항력도 없지만 외력에 부딪치면 그 이점을 발견하고 모험, 위험, 불확실성을 겪으면서 더욱 발전하고 성장하는 기질을 반취약성antifragile이라고 정의했습니다. 반취약성은 어려움에 부딪치면 더 강해질 뿐만 아니라 이전 형태로 돌아가지 않습니다. 반취약성은 미지의 것에 대해 자신을 재보고 불확실성에 직면하며 한 발 더 나아가는 것을 의미합니다.

회복력이 있는 사람은 자신을 고립시키고 자신의 개인적 이득에 대해 생각하는 반면, 저항력이 있는 사람은 항상 집단적 차원의 욕구가 있습니다. 일반적으로는 약점이라고 생각하겠지만 사실 굉장한 강점입니다. 데 안드레가 〈나의 자유 시간에Nella mia ora di libertà〉에서 노래했듯, 저항하는 사람 단 한 명은 현실을 바꾸지 못한 채 기껏해야 자신의 휴식 시간만 포기하겠지만, 그런 사람들이 집단으로 뭉친다면 상징적으로 교도관들을 감옥에 몰아 넣을 수 있을 정도의 힘을 갖게 되지요.

그러니까 오뚝이는 상상력이 부족한 사람들에게 맡기고 저항력이 있는 사람이 되기 위해 레고의 경이로움을 되찾아봅시다. 성, 사자, 배 등의 모습으로 계속해서 변화할 수 있고, 상상력의 도전을 사랑하며, 여러 개가 함께 조립될 때 놀라운 힘을 발휘하는 레고 말입니다.

진정 자유로워진다는 것

우리는 그 어느 때보다도 자유롭다고 느낍니다. 하지만 아이러니하게도 모든 것이 손 뻗으면 닿을 거리에 있는데도 우리는 그것들로 뭘 해야 할지를 모릅니다. 사르트르가《존재와 무》에서 썼듯, 우리는 자유롭지 않을 자유가 없기 때문에 자유는 도리어 그 본질을 잃고 말았습니다. 오늘날 우리는 어느 때보다도 세상의 무질서에 직면하고 있습니다. 자유가 도리어 괴로움의 씨앗이 되어버린 것입니다.

사르트르에게 자유는 계획을 무無에서부터 실현하고, 지속적으로 갱신하는 것을 의미했습니다. 그 계획이란 자기 존재에 관한 것이었죠. 그는 자신이 존재하는 이유를 자기 스스로 만들어나가야 한다고 생각했습니다. 그러기 위한 유일한 조건은 외부, 즉 세상 속에서 자신을 잃는 것입니다. 그래야만 존재하는 법을 배울 수 있기 때문입니다.

존재하다의 어원인 ex-sistere는 하이데거에 따르면 '외부에 있다', '자신으로부터 나오다'라는 뜻입니다. 존재한다는 것은 더 이상 지속성, 정지, 고정이 아니라 변화를 준비하며 가능성과 새로움을 향해 계속해서 나아가는 것을 의미하기 때문입니다. 사실 하이데거는 거기에 정말로 자기 자신으로 있을 자유의 가능성이 있다고 했습니다.

회복력은 분명한 사실을 잊게 만듭니다. 어쨌든 우리는 언젠가 모두 죽는다는 것, 인생에서 부딪치는 많은 문제는 우리 능력 밖이라는 점을 말입니다.

스토아학파 철학자들의 기본 훈련은 바로 부정적 시각화였습니다. 상상을 통해 최악의 가능성, 최악의 시나리오를 미리 경험하는 연습이었지요.

만약의 상황을 대비하는 것입니다. 당신이 수년간 노력한 후 마침내 얻어낸 직위를 한순간에 잃어버린다든가, 당신이 모든 에너지를 쏟아부은 활동이 실패로 끝나는 등 마치 세상이 당신의 발 아래로 무너진 것처럼 말이지요.

그들은 마조히스트가 아니었습니다. 그들은 역경을 통해 현재에 닻을 내리고 인간의 본성을 드러내게 하는 훈련을 수행한 것입니다. 정신적으로 극한에 몰리는 시나리오를 만들고 연습해보는 것은 영혼의 체육관을 만드는 것과 같습니다. 안 좋은 일이 생기더라도 만만의 준비를 할 수 있지요.

마르쿠스 아우렐리우스는《명상록》에서 다음과 같이 말합니다. "우리의 정신은 우리의 행동을 막는 장애물을 목적에 맞게 조정하고 전환하는 방법을 알고 있습니다. 행동을 방해하는 것이 실제로는 행동을 진전시키는 것이지요. 벽이 길이 되는 것입니다."

스토아학파 철학자들이 권하는 것은 오늘날의 의미에서 회복력을 가지라는 것이 아닙니다. 충돌을 이용해 원래 만들어진 상태로 돌아가라고 부추기는 것도 아닙니다. 그 반대로, 역경에 대비하며 치열하게 살 수 있도록, 고통과 피로, 죽음의 생각에 머물라는 것입니다. "불행이 닥치면 결코 '예상하지 못했다'고 말해서는 안 된다. 당황하지 않도록 그것을 분명 예상했어야 한다"고 세네카는 말합니다.

왜냐하면 당신은 살아 있는 존재인 동시에 죽어가는 존재이기 때문입니다. 당신은 돌이킬 수 없이 계속해서 태어나고 죽습니다. 두 과정 모두 생의 마지막 날까지 계속되며, 이는 불가피한 것입니다. 어떤 회복력도 당신이 삶을 떠나는 것을 막을 수는 없습니다.

마르쿠스 아우렐리우스는 또《명상록》에서 "당신은 이 순간 삶을 포기할 수 있습니다. 이 사실이 당신의 행동과 말, 생각을 결정하도록 하십시오"라고 썼습니다. 즉, 존재의 덧없음에 대한 이해를 결국 모든 것은 지나가기에 운을 흩뜨리는 도구로 쓰라는 것이 아니라, 매 순간을 온전히 살아가라는 끊임없는 알림이 되도록 하라는 것입니다. "매일 인생에 마무리 수정을 하면 절대 시간이 부족하지 않을 것이다"라고 세네카 또한 조언했습니다.

'죽어야 한다는 것을 기억하라'라는 뜻의 메멘토 모리memento mori는 피타고라스학파에 뿌리를 둔 스토아학파의 프레메디타치오 말로룸praemeditatio malorum, 즉 '최악의 일을 대비하라'의 정점이었습니다.

메멘토 모리라는 표현은 전쟁에서 승리한 후 수도의 거리에서 행진을 하던 고대 로마 장군들의 관습에서 탄생했습니다. 두 날개처럼 길을 터주며 환호하던 군중 사이를 지나갈 때 장군 뒤에서 한 동료가 귀에 대고 이렇게 말했습니다. "뒤를 돌아보시오. 당신이 인간이라는 것을 기억하시오Respice post te. Hominem te memento."

당신은 죽을 운명인 인간입니다. 그렇습니다. 격렬하게 살되 명예, 환호, 승리를 너무 중요하게 여기지는 마세요. 중요한 것은 존재를 빛나게 하는 것이고, 당신의 소명과 일치하는 길을 가는 것입니다. 깨어 있는 의식을 유지하는 것이지요.

그러면 그 방법을 알아봅시다.

삶의 마지막 날

내일 저녁으로 죽을 시간을 선택해보세요. 예를 들면 월요일 오후 10시 15분에 당신은 죽을 거라고 말입니다. 정했나요? 좋습니다. 그러면 내일이 마지막 날인 것처럼 내일 하루를 구성해보세요. 아, 당연히 정말로 죽어야 하는 것은 아닙니다. 오해는 하지 마세요. 적어도 그 전에 이 책은 먼저 다 읽어야죠. 우린 아직 당신에게 설명할 것이 여러 개 남아 있으니 일찍 떠나 버린다면 유감일 것입니다.

하지만 내일 당신은 마치 앞으로 살 시간이 정말로 몇 시간뿐인 것처럼 행동하고, 생각해야 합니다. 휴대폰에 세 시간마다 알람을 설정해서 기억을 하세요('나는 오늘 죽는다'고 분명하게 써놓으세요).

말로는 아주 그럴듯합니다. 언제 죽음이 찾아올지 모르니 모든 순간을 마지막처럼 살라는 것이죠. 죽어야 한다는 것을 기억하라는 문장을 닳도록 읽고 또 읽으면, 어쩌면 그 말에도 조금 웃을 수 있게 되고 마시모 트로이시처럼 "네, 네, 지금 적어놓을게요"•라고 말하게 될 것입니다.

자, 그렇다면 정말로 적어봅시다. 그걸 어딘가에 기록하고 가능한 한 최대한 주의를 기울여 마지막 시간을 살기로 결심하세요.

마르쿠스 아우렐리우스는 다음과 같이 분명히 제안했습니다. "이 땅에서 할 수 있는 마지막 일인 것처럼 모든 일을 한다면, 목적 없이 방황하는 것을 멈추고 감정이 이성의 말을 더 이상 뛰어넘게 내버려두지 않을 것입니다. 위선적이고, 자기중심적이며 괴팍하기를 멈출 것입니다. 충만하고 만족스러운 삶을 살기 위해 해야 할 일이 얼마나 적은지 보이시나요? 그렇게 해낸다면, 신들이 당신에게 요구할 것이 더 이상 아무것도 없습니다."

이것이 죽음을 기억하라는 메멘토 모리의 의미입니다. 어차피 죽을 테니 스스로를 덜 진지하게 받아들이라는 게 아니라, 광적인 자기 관심과 허영심을 극복하며 스스로의 존재에 존엄성을 부여하라는 것입니다.

지금까지는 모든 것이 명확했을 것입니다. 내일은 이

• 영화 〈우리는 울어야만 해〉에서 마리오 역의 마시모 트로이시가 "죽어야 한다는 것을 기억하라!"고 외치는 사람에게 한 대답

땅에서 당신의 마지막 날이 될 것이며, 당신이 하는 모든 행동에서 그것을 기억해야 합니다.

그러면 이제 문제를 조금 복잡하게 만들어보겠습니다. 루실리우스에게 보낸 열두 번째 편지에서 세네카는 헤라클레이토스의 말("하루는 매일과 같다")을 인용한 후 "하루하루는 마치 그것이 결국 무리로 모여 인생을 채우고 끝내는 것처럼 정비되어야 한다"고 썼습니다.

내일은 인생의 마지막 날일 뿐만 아니라 '인생'의 '날'일 것입니다. "모든 순간이 당신 인생의 중요한 날의 일부이며 하루의 마지막 순간 또한 인생의 한 조각인 것입니다.

하루의 매 시간을 인생의 한 단계인 것처럼 살아야 합니다.

내일 하루를 이런 실존적 구성의 이중 계획에 따라 보내보세요. 이 연습은 일상에 숨겨진 실존적 측면을 드러내기 위해 꼭 필요한 것입니다.

잘 죽읍시다!

약 200년 전에 미국의 시인 월트 휘트먼Walt Whitman은 그의 시집 《풀잎》에 수록된 시에서 "우리는 크며, 다수를 품고 있다"라고 썼습니다. 당신은 이 다수를 상대할 용기가 있나요?

그 용기가 있다면 5장으로 가세요. 그렇지 않다면 12장으로 가세요.

11장

장애물을 돌파하는 힘

WOOP

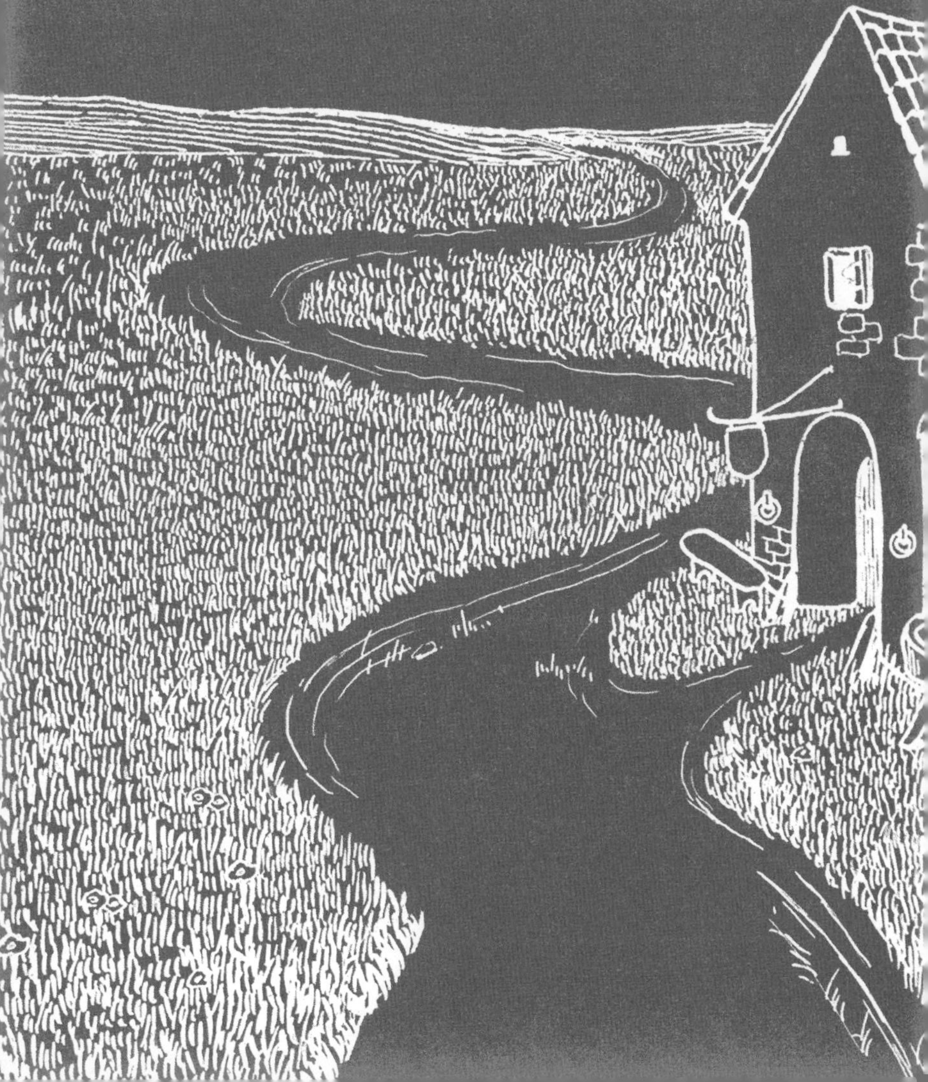

우리가 가진 소망의 대부분은 실제로 우리의 것이 아닙니다. 그것들은 우리로 하여금 무언가를 간절히 소망하도록 외부에서 주입한 것이며, 이는 평생 동안 스스로 원하지도 않은 계획들을 이루기 위해 생각과 시간, 에너지를 바친다는 것을 의미합니다. 어릴 때부터 우리는 스스로 원했던 길이 아닌, 사람들이 더 많이 찾는 일자 도로를 그대로 따라가다가 오늘에 이르렀는지도 모릅니다.

그렇다면 소망이 정말 우리가 원한 것인지, 우리가 가진 소망을 이루기 위한 계획이 잘 짜여졌는지는 어떻게 알 수 있을까요? 우리의 개화 여정에서 계획의 역할은 무엇일까요?

무엇보다 계획들을 여정의 한 단계로 간주하는 것이 중요합니다. 계획은 당신이 하고 있는 일의 궁극적인 의미를 결정하지 않으며, 당신에 대한 최종 판단을 도출하는 것이어서는 안 됩니다. 실패한 계획이 곧 당신이 한 사람으로서 실패했음을 나타내는 것은 결코 아닙니다. 계획은 당신의 가치와는 아무런 관련이 없어요. 그것은 단지 놀이이자 경험을 얻기 위한 하나의 방법, 당신을 내포하지만 당신과 동일시되는 것은 아닌 것입니다.

준비가 되어 있는가

소망은 우리에게 방향을 알려주는 화살이며, 우리를 기쁘게 만듭니다. 소망은 무엇보다도 우리에게 감정을 일으켜야 합니다. 의무감, 죄책감, 좌절감 같은 감정이 일거나 소망이 이루어졌을 때야 마침내 행복해질 것 같다는 생각이 든다면 그것은 소망과는 관계가 없지요.

감정은 알려진 경로와 알려지지 않은 경로를 통해 우리 몸을 여행하는 진정한 기적입니다. 과학 저술가 샘 킨Sam Kean은 《뇌과학자들》에서 다음과 같이 말했습니다.

"감정은 대뇌변연계 내부에서 처리되기는 하지만 흔히 정교하고 놀라운 방식으로 뇌의 다른 영역으로 넘쳐흐릅니다. 시각 피질이 손상되어 주변 환경에 대한 시각 감각이 없는 일부 시각 장애인은 여전히 사람 얼굴의 감정을 읽어낼 수 있습니다. 시신경이 데이터를 상부 뇌로 전송하는 것 이외에 2차 및 잠재의식 경로를 따라 변연계로도 보내기 때문입니다. 의식 경로는 차단되었지만 무의식의 변연계 경로는 아직 손상되지 않은 경우 시각 장애인은 이유도 모른 채 미소나 찡그린 이마, 입술 떨림과 같은 자극에 반응합니다. 그들은 또한 앞에 있는 사람들의 하품에 전염될 수도 있습니다."

감정은 우리를 움직이는 연료, 소망은 우리에게 방향을 알려주는 화살, 재능은 그곳으로 가기 위해 우리가 가진 도구, 소명은 우리가 앞으로 나아가는 동안 갖는 감각, 절제는 우리가 그 여정을 따라 느끼는 균형감과 책임감, 자기 통제입니다. 그럼 이 모든 것이 함께 일어난다면 어떻게 될까요? 우리는 개인적 힘을 감지하며 운이 좋다고 느낍니다.

운은 신체가 의식을 물리적으로 경험하는 능력이기도 합니다. 흔히 일어나는 것은 아니지만, 외부에서 생긴 영적 접합이 아니라 당신이 내면에서 가꾸는 것입니다. 하지만 운이 좋지 않다고 실망부터 할 필요는 없습니다.

중요한 것은 균형을 되찾는 것입니다. 연료가 떨어지거나 방향이 명확하지 않거나 올바른 길인지 확신이 서지 않으면 멈추세요. 억지로 하거나 적절하지 않은 일이라고 생각하면서도 앞으로 나아가면 자신을 거스르게 돼 원치 않는 결과를 맞게 될 것입니다.

나에게 달린 일인가

능력이란 무엇을 의미하는지 설명할 수 있나요? 시간을 들여 생각해보세요. 그리고 노트에 당신만의 정의를 적어보세요. 무언가를 정의하는 것, 그것 역시 능력 중 하나입니다. 사실 어떤 것을 정확하게 무엇이라고 정의내리는 것은 몹시 어렵기 때문입니다.

그런 다음 당신이 가진 모든 슬픔, 걱정, 불안을 처음부터 마지막 것까지 노트에 죽 적어보세요. 그리고 그 다음 페이지의 중앙에 수직선을 그리세요. 왼쪽 열에는 당신의 능력 내에서 해결할 수 있는 문제들을 적고, 오른쪽 열에는 당신이 좌지우지할 수 없는, 당신의 손을 떠난 문제들을 적어보세요. 가능한 한 여러 개를 생각해내고 각 문제의 올바른 위치를 주의 깊게 생각하세요. 이 활동을 통해 분별을 뜻하는, 에픽테토스가 디아이레시스diairesis라고 부른 철학적 개념을 연습할 수 있으므로 어떤 문제에 부딪쳤을 때 지금처럼 반복해 적어보기를 권합니다.

분별할 줄만 알아도 적어도 행복이 무너질 일은 없지요. 당신이 손을 댈 수 있는 것과 당신이 손을 댈 수 없는 것이 무엇인지를 구별할 수 있으면 인생은 한결 더 가뿐해집니다. 당신이 바꿀 수 있는 것에만 집중하고 에너지 낭비를 하지 않게 되니까요. 다른 사람들이 당신에 대해 가진 생각을 바꾸는 데 시간을 낭비할 일도 없게 되죠.

에픽테토스가 설명하길, 당신을 혼란스럽게 하는 것은 당신에게 일어난 일이 아니라 그 일에서 비롯된 사람들의 시선과 평가입니다. 외부로 시선을 돌리면 스스로의 불행에 대해 다른 사람을 탓하게 됩니다. 디아이레시스가 올바르게 적용되지 않을 때 일어나는 일이지요.

하지만 그다음 단계로 넘어가지 않도록 주의하세요. 바로 자신을 비난하는 것입니다. 그것은 당신의 능력 안에 있는 것과 없는 것, 필요한 것과 필요하지 않은 것을 알아내는 문제일 뿐입니다. "자기 자신도, 다른 사람도 비난하지 마세요. 이것이 디아이레시스의 가르침입니다." 미국의 신학자 라인홀드 니버Reinhold Niebuhr의 '평온을 비는 기도'에도 잘 압축되어 있지요.

주님,
제게 바꿀 수 없는 것은 받아들이는 평온을,
바꿀 수 있는 것은 바꾸는 용기를,
또 그 둘의 차이를 구별하는 지혜를 주옵소서.

신중하게 장애물을 분해하기

질 들뢰즈는 우리를 욕망하는 기계desiring machine라고 부르겠지만, 우리는 대부분 진정한 욕망과 유도된 욕망을 잘 구분해내지 못합니다. 우리는 광고와 소셜미디어를 통해 늘 새로운 욕망을 주입받고 있으며, 눈앞에 펼쳐진 갈래길 중 어느 곳으로 가야 하는지 알 수 없어 혼란스러워합니다. 모든 욕망이 계획이 되고 노력으로 이룰 수 있는 것은 아닙니다. 우리에게 달려 있지 않은, 외부의 선택 덕분에 실현되는 욕망들이 있는가 하면, 계획이 되기에는 아직 성숙하지 않은 욕망들도 있습니다. 우리는 그것들을 실현하고 싶지만 아직 그들의 때가 아니라는 생각이 드는 것입니다.

지금까지 소명과 가치, 윤리 및 절제에 대해 이야기를 해왔는데, 이제부터는 WOOP라는 연습 활동을 제안하려고 합니다. 당신이 정말로 바라는 것이 무엇인지 이해하고 그 소망을 이루기로 마음먹는 경우 어떤 장애물을 만나게 될지 알아보는 데 매우 유용한 활동입니다.

WOOP는 동기심리학을 연구한 독일의 심리학자 가브리엘 외팅겐Gabriele Oettingen이 개발한 것인데, 외팅겐은 30년 전 뉴욕 대학교에서 일하면서 긍정적으로 생각하면 무슨 일이든 잘될 거라는 낙관주의가 사회 전반에 얼마나 깊이 뿌리 내리고 있는지를 체감하게 됩니다. 합격해야 하는 시험이 다가오거나, 외과 수술 등을 앞두고 또는 이뤄내야 할 어떤 목표를 마주할 때 사람들은 언제나 그런 말을 주고받았습니다.

하지만 이런 낙관주의에 확신이 들지 않았던 그녀는 동기부여에 대한 연구에 전념하며, 우리의 가장 큰 소망을 달성하는 데 방해 요인으로 여겨지는 장애물들이 실제로는 소망을 구체화하는 데 더 도움을 줄 수 있다는 결론에 이릅니다.

우리는 대개 장애물에 연연하지 않으려고 합니다. 장애물이 우리의 사기를 떨어뜨리기 때문이지요. 이루고자 하는 것에만 집중하고, 편안한 미래를 상상하고, 마침내 완벽한 모습의 자신을 그리게 만드는 이런 낙관주의는 사실 계획 능력에 큰 제동을 겁니다. 사물을 객관적으로 보는 것을 방해하기 때문입니다.

현실은 복잡합니다. 생각지도 못했던 일이 부지불식간에 일어날 수 있고 이런 모든 변수를 감정적, 실질적 차원에서 관리하는 것은 굉장히 어렵습니다. 도저히 장애물을 이겨낼 자신이 없어 시작조차 하지 않는 사람이 있는가 하면, 모든 것을 통제하고 싶지만 잘되지 않아 감정적 어려움을 겪고 결국에는 경이로운 소명을 잃어버리는 사람, 그리고 긍정적인 생각이 모든 것을 해결한다고 철석같이 믿는 사람이 있습니다.

그렇다면 우리는 어떻게 해야 할까요? 답은 역시 적당함, 중용에 있습니다. 치우치지 않는 겁니다. 장애물을 넘을 수 없는 벽으로만 볼 게 아니라 디딤돌로 보는 법을 배워야 하는 것입니다.

WOOP는 소망을 이루는 동안 일어날 모든 일을 예

측하지는 못하지만, 적어도 몇 가지 내부 및 외부 장애물을 보여줍니다. 당신은 당신 삶 안에서 반복되는 문제를 이미 알고 있고, 계획을 시작하기도 전인 지금 그것들을 어떻게 극복해야 하는지를 짐작하고 있을지도 모릅니다.

장애물을 보려 하지 않는 사람처럼 자신의 미래에 대한 환상에만 갇혀 있다면 꿈과 소망을 이룰 확률은 아주 낮습니다. 관조적인 삶에만 집중을 하며 행동은 절대 하지 않는 것이지요. 외팅겐이 증명해 보였듯, 이는 그런 생각이 생리학적 호르몬을 촉발하기 때문에 발생합니다. 엔도르핀이 방출되면 당신은 이미 약간은 거기, 마치 소망이 성취된 상황에 있는 것처럼 느끼는 것입니다. 하지만 그 엔도르핀은 행동을 하는 데 사용되어야 합니다. 관조적 삶은 스스로를 돌아보고, 이해하고, 자신의 어떤 부분이 드러나고 싶어 하는지를 알기 위해서 필수적이지만, 활동적 삶으로 전환해야 하는 순간이 있습니다. 절제는 이렇게 그 두 순간 사이에 다리를 만드는 능력과 관련이 있습니다. 관조적인 방식으로 욕망하는 에너지를 고갈시키는 것은 아주 즐겁고 위안이 되겠지만, 우리를 더욱 약하게 만듭니다.

그렇다면 부정적으로 생각을 해야 할까요? 대답은 '전혀 아니다!'입니다. 중요한 건 중용, 즉 다양한 관점에서 입체적으로 생각하는 것입니다. 외팅겐은 그것을 정신적 대조mental contrasting 방법이라고 불렀습니다. 꿈, 미래에 대한 상상, 장애물과 그것을 극복할 방안 등을 한데 모아 놓고 가능한 한 최적의 선택을 하는 것이지요. 특히 우리가 실제로 함께 놓고 고려하지 않는 꿈과 장애물을 면밀히 대조할 수 있습니다.

우리는 잘 깨닫지 못하지만, 사실 우리의 정신은 특히 복잡한 일에 직면했을 때, 일어난 일과 관찰되는 것의 일부로만 판단하는 인지 편향에 빠질 때가 많습니다. 특히 감정적으로 얽혀 있는 경우 상황이 실제로 어떤지 보는 것은 거의 불가능에 가깝지만 조금 더 객관적인 방식으로 보려고 노력할 수는 있습니다.

소망이 생겼을 때 막연하게 잘될 거라고 생각하는 것은 용기를 북돋는 최선의 방법이지만, 이는 우리를 장애물 앞으로 준비되지 않은 채 도착하도록 이끌 뿐입니다.

문제의 본질에 다가가기

우리가 WOOP를 회사 워크숍이나 학교 강연, 협회 또는 축제에서 설명할 때 받는 첫 번째 반응은 당연한 걸 굳이 설명한다는 것이었습니다. WOOP는 어떤 목표를 세우고 성취해야 할 때 우리가 거치는 과정과 일치하는 것처럼 들리지만, 실제로는 그렇지 않습니다. 머릿속으로 일어날 일을 예상하고 고심하며 겁을 먹거나, 혹은 모든 것이 잘 될 거라고 긍정회로를 돌리는 경우는 많아도 실제로 이러한 과정을 자세히 종이에 기록하는 경우는 아주 드뭅니다. 기록이 결정적 차이를 만드는데도 말입니다.

WOOP를 할 때 당신의 다이어리를 사용하거나, 그게 아니더라도 어쨌든 종이와 펜은 꼭 준비하기를 권합니다. 종이에 글을 쓰면 컴퓨터 파일이나 엑셀 시트에 타이핑할 때보다 훨씬 더 사고가 자유로워집니다. WOOP는 대개 45분이 채 안 걸리는 훈련이니, 굉장히 집중해서 진행해야 합니다.

외팅겐의 연구는 특히 금연, 체중 감량, 대학 평균 학점 올리기, 외과 수술 후 재활을 원하는 사람들에게 초점을 맞췄습니다. WOOP를 사용하면 단기적 소망이든 장기적 소망이든 그것을 이루기 위해 해결해야 할 실질적인 문제를 확인하고 계획할 수 있습니다. 올해는 거실 가구를 바꾸고 싶다 같은 단기 계획부터 내 인생에 관한 멋진 소설을 쓰고 싶다 같은 장기 계획까지 모두 가능합니다.

WOOP를 한 후에는 프로젝트에 따라 특정 계획 시스템을 사용하는 것이 유용하지만(예를 들어 업무 프로젝트인 경우 간트 차트를 사용할 수 있습니다), 이런 도구들을 사용하기 전에 WOOP를 하는 것이 중요합니다. 이런 계획 시스템이 고려하지 않는 몇몇 측면을 이끌어내는 데 도움이 되기 때문입니다.

WOOP는 영어로 Wish(소망), Outcome(결과), Obstacle(장애물), Plan(계획)의 머리글자로, 스스로 원하는 게 무엇인지 이해하게 하고 계획이라는 요소를 핵심으로 하는 내러티브 도구입니다. WOOP가 유용한 까닭은 스스로를 단련할 수 있기 때문입니다.

그러니까 WOOP는 마법 지팡이나 어떤 기술이라기보다는 이해 과정을 활성화하고 상황의 복잡성을 확인할 때마다(특히 장애물이 반복되는 경우) 사용할 수 있는 도구에 가깝습니다. 개인의 개화를 더 진전시키고 싶다면 꼭 거쳐야 하는 과정이지요. 궤도에서 벗어나 사회적 압력으로부터 자유로워지면 당신이 정말로 하고 싶은 게 무엇인지, 당신의 에너지를 어떻게 쓰고 싶은지를 알기가 훨씬 더 어려워집니다. 당신에게 지시를 내리는 외부의 권위자가 없기 때문입니다.

당신 삶의 의미, 당신의 가치, 당신의 선택은 오롯이

당신의 책임이며, 그 무게가 감당 가능한 것이 되게 하려면 관조와 활동, 깊은 경청과 계획 사이에서 균형을 찾아야 합니다.

계획은 감정과 소망, 소명의식의 뒷받침이 없다면 무미건조한 행동에 지나지 않습니다. 자신에게 귀를 기울인 후 계획을 세우면, 내면의 소리를 따른 계획은 더없이 중요한 것이 되는 것입니다. 천 개의 소망을 가질 수는 있지만 다 이룰 수는 없으니, 시간과 에너지를 무엇에 바쳐야 할지를 알아야 합니다.

다시 말하지만, 가능한 한 완충 장치를 모두 제거하고 본능적으로 회피하고 싶은 장애물을 똑바로 봐야 합니다. 시험에 합격하지 못하는 이유가 무엇일까? 이번에는 긍정적으로 생각하자. 그러면 잘 될 거야! 이런 생각은 그 순간에는 위안이 되지만 질문에 대한 진정한 대답은 될 수 없습니다. 왜 합격을 못 하고 있나요? 더 노력을 기울이면 어떻게 될까요? 당신의 안팎에 공부를 방해하는 조건들이 있나요?

외팅겐은 당신 자신에게 이런 질문을 던지라고 권하며, 우리는 더 나아가 그것들을 종이에 써보라고 하는 것입니다. 프로젝트가 항상 같은 단계에서 중단된다면 무슨 문제가 있다는 얘기입니다. 그걸 확인하는 과정은 불쾌할 수도 있습니다. 때때로 그것은 당신과 당신이 미처 깨닫지 못한 행동 및 저항에 달린 것일 수도, 타인과 당신 주변의 환경에 달린 문제일 수도, 또는 이 모든 게 합쳐져 생긴 일일 수도 있습니다. WOOP는 객관적이고 솔직하게 상황을 바라보게 합니다. 무엇보다도 자신과 대면하게 만듭니다. 그리고 자신에게 솔직해지면 변화가 일어나기 때문에 마음이 괴로울 수도 있습니다.

통제력을 가지라는 얘기가 아닙니다. 모든 것을 통제하는 것은 불가능하죠. 당신의 소망을 이루는 데 번번이 방해가 되는 요인이 무엇인지 인식하고 예측하라는 것입니다. 낙관주의 맹신에서 벗어나는 것이지요. 낙관주의는 해결되지 않은 문제나 부정적인 감정을 숨깁니다. 앞서 얘기했듯, 장애물은 사실 중요한 연료가 되므로 결코 비난해서는 안 되는 것인데도 말입니다. 만약 불안하고 두렵다면 그 감정을 솔직하게 인정하세요. 그래야만 장애물이 디딤돌이 될 수 있습니다.

낙관주의의 함정

외팅겐은 교수에 임용되면서 독일에서 미국으로 건너갔

고, 미국 사회 내에 널리 퍼진 긍정적 사고에 대한 맹신에 충격을 받았습니다. 긍정적으로 생각해야 문제를 극복할 수 있다는 생각이 아주 흔했던 것입니다. 긍정주의가 생각과 의심, 취약함을 숨기는 원인으로 작용하는데도 말입니다. 외팅겐은 예를 들어 누군가가 잘 지내느냐고 물었을 때 '잘 지내요, 감사합니다!' 대신 다른 대답을 하면 마치 사회적 관습을 어기고 질문한 이를 곤란에 빠뜨린 것 같은 느낌을 받았습니다.

한번은 필라델피아 대학의 한 여교수가 외팅겐 교수에게 이야기를 털어놓았습니다. 그녀가 우여곡절을 겪을 때 교수위원회에 그 이야기를 한 후 동료들로부터 자신의 태도가 너무 부정적이고 다른 사람들에게 안 좋은 영향을 미친다고 많은 비판을 받았다는 것이었습니다. 그러니까, 고통스러운 일을 겪더라도 그건 혼자 감내할 일이지 다른 사람에게 드러내거나 영향을 미치지 말아야 하며, 항상 긍정적인 모습을 보여야 한다는 것이었습니다.

전혀 다른 문화권에서 온 외팅겐은 처음에는 이를 피해의식을 갖지 않는 태도이자 행동과 유머를 촉진하는 태도라고 인식했지만, 나중에는 긍정주의가 정말 효과적으로 작용하는지 의문을 품게 되었고 임상심리학 도구를 통해 관련 연구를 진행했습니다.

먼저 외팅겐은 환경이 사람들의 심리적 상태에 어떤 영향을 미치는지를 이해하기 위해 동독과 서독의 문화 차이를 조사하기 시작했습니다. 공산주의 정부가 모든 사람을 돌본다고 주장하고 시민들은 그것을 확신했음에도 외팅겐은 바로 그 시민들이 우울증의 가장 명백한 징후를 보이는 것을 발견했습니다. 하지만 시민들과 대화를 할 때 외팅겐은 그들이 맹목적으로 낙관주의를 좇고 더 나은 미래를 상상하는 것을 들었습니다.

낙관주의란 무엇일까요? 긍정심리학 운동의 창시자 마틴 셀리그먼에 따르면 낙관주의는 성공적인 과거 경험을 바탕으로 한 미래에 대한 확신입니다. 그러니까, 낙관주의는 경험과 연관되어 있으며 우리의 행동을 통해 우리 자신과 세계, 미래에 대한 신뢰를 높이는 데 도움이 되는 일종의 선순환입니다.

하지만 외팅겐이 동독에서 본 것은 과거 경험에 근거한 낙관주의가 아니라, 셀리그먼과 다른 긍정심리학자들이 고려한 적이 없던 꿈에 근거한 것이었습니다. 화가였던 한 친구는 그림을 그릴 도구가 없고, 자신의 예술에 대한 열망을 당국이 불편해한다는 것을 분명히 알고 있다고 외팅겐에게 털어놓았지만, 언젠가는 파리에 갈 것이라는 믿음으로 살았습니다. 냉전 시대에는 환상에 불과한 일이었지만, 그런 꿈은 그에게 현실을 객관적으로 바라보지 않도록 해주는 것이었습니다.

요점을 정리해봅시다. 우리 대부분이 의존하는 이러한 환상은 현실과 동떨어져 있을 뿐 아니라 환상이 정말로 실현되는 데 대한 두려움을 숨기고 있습니다. 세계 일주를 꿈꾸는 것은 장애물을 예측하고 극복하며 그것을 실현하려고 애쓰는 것과는 매우 다릅니다. '아이들이 다 크면 할 수 있겠지', '갑자기 벼락부자가 되면 할 수 있겠지', '사무실 책상에 붙들려 있게 만든 수많은 일을 해내면 할 수 있겠지'라고 말하며 꿈을 꾸는 것만으로도 충분하다는 건 그것이 절대로 일어나지는 않으리라는 걸 인정하는 것입니다. 동시에 그건 우리에게 위안과 가벼운 행복감을 주지요. 마치 한 발짝만 떼면 시작할 수 있을 것같이 말입니다. 백일몽에는 장애물이 없으니까요.

그렇게 80년대 중반에 외팅겐은 인간의 경험에서 긍정적인 환상의 역할이 무엇인지, 그것이 우리의 삶과 행동, 희망의 성취에 어떤 영향을 미치는지를 궁금해하기 시작했습니다. 그러니까, 경험에서 비롯된 낙관주의(축구선수 호날두와 가수 빌리 아일리시는 특출난 재능이 있을 뿐 아니라 성공을 경험했으므로 새로운 희망을 마주할 때 낙관적일 가능성이 더 큽니다)가 있는 반면, 과거 경험과는 무관하게 오히려 우리의 저항, 반복적인 경험, 수년간의 악순환과 관련이 있는 백일몽이 있습니다.

대학에서 수년간 불규칙적으로 공부를 하고 전공을 바꿔대며 낙제를 한 사람이 시험에 단번에 합격할 수 있을 거라는 공상을 하면 정말 상황이 좋아질까요?

1990년대에 외팅겐은 체중 감량 과정을 시작한 25명의 여성을 대상으로 연구를 시작하며 이 질문에 답하기로 했습니다. 외팅겐은 이 여성들이 체중 감량에 대한 희망, 성공 가능성, 상상하는 미래 시나리오에 대해 어떤 인식을 갖고 있는지 조사했고, 그들의 계획과 비전을 살펴보았습니다. 1년 후 외팅겐은 계획이 실현 가능하다고 생각한 여성이 실현할 수 없을 거라고 생각한 여성보다 더 나은 결과를 얻었지만, 환상에 가까운 비전을 가졌던 여성은 부정적인 결과를 상상한 여성과 유사한 결과를 얻었다는 것을 발견했습니다.

이 첫 번째 실험 이후 외팅겐은 불확실한 결과에 직면한 집단을 대상으로 여러 가지 다양한 실험을 수행하여 목표 달성에 대한 환상이 목표를 이루는 데 도움이 되지 않으며, 실현이 불가능하다고 생각하는 것과 비슷한 결과를 낳는다는 증거를 점점 더 많이 수집하기 시작했습니다.

게다가 외팅겐의 연구는 아주 많은 저널에 발표되었고 동료 심사peer-review를 거쳤습니다. 하지만 일부 전문가들은 외팅겐이 수집한 데이터를 무시하며 터무니없는 결과라고 반박했습니다. 긍정적으로 생각해야 잘될 수 있다는 생각이 우리 사회의 도그마가 된 지 오래라, 그것이 잘못된 믿음이라고 지적한 연구가 반직관적으로 보였던 것입니다. 하지만 이는 상식의 문제입니다. 무언가를 이루려면 당신의 능력, 저항, 수년간 쌓아온 부정적인 경험, 환경이 당신에게 영향을 미치는 방식과 씨름해야 합니다. 우리가 이 모든 것을 간과하고 그저 목표만 바라보며 별 어려움이 없으리라고 스스로 확신한다면 예상 밖의 문제에 부딪칠 경우(특히 긴 여정에서는 분명 문제가 생기죠) 난관에 대응할 수 있는 자원과 도구를 갖고 있지 않은 셈이 됩니다.

그러니까 부정적인 생각의 문제가 아니라 소망을 이루기 위해 장애물을 발판으로 사용하는 것이 중요한 것입니다. 외팅겐이 계속해서 점점 더 크고 도전적인 실험을 수행해온 이유가 바로 여기 있습니다. 이런 결과가 뜻밖의 우연으로 보이지 않도록, 과학계에서 인정받을 수 있는 자료를 더 많이 수집하기 위해서 말이죠. 그리고 외팅겐은 장애물에 초점을 맞출 방법을 개발하기로 합니다. 바로 WOOP였습니다.

WOOP

지금까지 우리는 소명과 가치, 다이몬에 대해 이야기했지만 이런 관조적 측면은 행동으로 드러나야 하며 행동은 어려움과 예상치 못한 일, 우연 및 저항으로 이루어집니다.

WOOP 개념은 심리적 대조에서 비롯되었습니다. 심리적 대조는 스스로의 생각과 심리적 이미지를 더 잘 인식하도록 하기에 외팅겐이 메타인지 전략 중 하나로 정의한 것입니다. 우리는 일반적으로 공상이나 세부적인 계획에 초점을 맞춥니다. 우리가 가진 생각과 미래의 삶에 대한 상상에 실제로 공간을 부여하는 것은 어렵기 때문입니다. 만약 계획이 집을 사는 것이라면 공상(꿈의 집, 이상적인 삶)과 실질적인 문제(대출, 세금, 수리)에 많은 시간을 할애하겠지만 그 두 가지를 합치는 건 어려울 것입니다.

그래서 우리는 펜과 종이로 글을 쓰며 WOOP를 해

보기를 권합니다. 시간은 조금 더 걸리겠지만 분명 새로운 경험이 될 것입니다. WOOP는 일기도 아니고 엑셀 스프레드시트도 아니지만 감정적 개입과 소망, 가치관, 두려움, 기획력 등을 한데 모아 생각할 수 있게 해줍니다. 당신이 생각은 하고 있지만 놓치기 쉬운 것들, 사업 계획이나 구글 캘린더에서는 자리를 찾지 못하는 것들을 뚜렷하게 바라보게 해주지요.

WOOP는 직업적·개인적 소망, 몸이나 미래의 삶과 관련된 소망을 어떻게 실현할지를 이해하고 싶을 때 수행하는 연습입니다. 중요한 건 당신을 둘러싼 환경과 개인적 상황을 숨기지 않고 있는 그대로 관찰하려는 의지이며(어쩌면 당신은 워드 문서를 한 번도 써본 적이 없어서 마음속에 품고 있는 위대한 소설을 아직 쓰지 못했는지도 모릅니다), 연습을 끝내려 서두르지 않고 집중력과 진정성을 갖추는 환경을 만드는 것입니다.

WOOP는 아주 많은 것을 발견하도록 이끕니다. 예를 들어 오랫동안 원했다고 생각하던 것에 사실은 관심이 없거나 더 이상 관심이 없음을 깨닫거나, 그것에 필요한 에너지의 양이 지나치고, 당신이 정말로 원한 것은 완전히 다른 것이라는 것을 깨닫게 합니다.

WOOP의 첫 번째 부분은 당신이 갖고 있는 소망이

정말로 당신의 가슴을 뛰게 하는지, 그것을 위해 노력할 가치가 있는지를 이해하는 데 도움이 되며, 두 번째 부분은 장애물이 무엇인지 이해하고 행동을 계획하는 데 도움이 됩니다. 사실 WOOP는 외팅겐의 연구와 그녀의 남편이자 심리학자인 피터 골비처Peter Gollwitzer의 연구 합작으로 탄생했습니다. 피터 골비처는 목표와 행동 계획이 실제 행동과 감정, 인식에 어떤 영향을 미치는지 연구해왔지요.

그럼 이제 WOOP가 어떤 사항들을 다루는지 알아봅시다.

소망 Wish

첫 번째는 소망입니다. 지금 이 순간, 당신을 가장 신나게 하는 것은 무엇인가요? 가장 중요한 것이자 당신이 가장 많이 생각하는 것, 한편으로는 두렵지만 끝내는 정말 이뤄내고 싶은 것 말입니다. 어쩌면 그것은 해결하고 싶은 걱정거리일 수도 있습니다.

천천히 시간을 들여 생각하세요. 꽤 헷갈릴지도 모릅니다. 종이에 가능한 한 모두 자세히 적으면 생각을 발전시키는 데 도움이 될 것입니다.

결과 Outcome

이 소망이 이루어지면 당신의 삶은 어떻게 될까요? 바뀔까요? 크게 달라질까요? 시간을 들여 상상해보세요. 이런 생각을 한 번도 해본 적이 없다는 걸 깨달을지도 모릅니다. 어떤 계획이 애를 쓸 가치가 없는 것이었다거나, 정말로 해야 할 일이라는 걸 깨달을 수도 있죠.

소망이 실현되는 미래의 시나리오를 가능한 한 생생하게 상상해보세요. 당신과 다른 사람들, 당신을 둘러싼 환경의 변화를 묘사해보세요. 이 시점에서 당신은 소망을 이루는 데 들이는 노력에 비해 삶에는 아무 실질적인 변화도 생기지 않는다는 것을 깨달을 가능성도 있습니다. 그런 경우, 그 소망은 계획이 될 준비가 되지 않았거나 유도된 소망(별로 흥미가 없지만 값비싸게 구매해야 하는 것)이라고 할 수 있습니다. 그럴 땐 여기서 WOOP를 멈추고 관심이 있는 다른 소망을 다시 생각해야 합니다.

장애물 Obstacle

우리가 어떤 소망을 실현하고 싶을 때 모든 일이 순조롭게 진행되지는 않을 것입니다. 장애물은 언제나 갖가지 형태로 나타나니까요. 내면적 또는 외부적일 수도, 다른 사람들로부터 생긴 것일 수도 있고, 우리가 살고 있는 환경에서 비롯된 것일 수도 있지요. 이것은 WOOP의 가장 어렵고 때로는 고통스러운 부분입니다. 극도의 솔직함이 요구되기 때문이죠.

소망을 이루기 위해 길을 걷기 시작하면 어떤 일이 일어나리라고 상상하나요? 당신 자신, 환경, 그리고 구체적인 조건들에 대해 당신이 알고 있는 사항에 비추어 볼 때 예상 가능한 장애물은 무엇인가요? 당신이 이 계획에 많은 시간을 할애하기 시작하면 연인이 화를 낼까요? 공포와 가면증후군•이 주도권을 잡을 수도 있을까요? 당신이 아주 설레는 일을 시작할 때 당신 내면에서는 보통 어떤 일이 일어나나요? 그렇다면 구체적인 장애물은 무엇인가요? 재정적 자원이 부족한가요? 함께 일할 다른 사람이 필요한가요? 시간이 부족한가요?

이 모든 것을 있는 그대로 다 적어보세요. 하지만 단순히 목록을 작성하는 것은 아닙니다. 감정 상태를 자세히 묘사하고, 가능한 한 가장 명확한 비전을 갖도록 해보세요. 모든 것을 예측할 수는 없지만 이미 알고 있는 것은 정확히 숙지할 수 있습니다.

솔직함이 필요한 이유는 일반적으로 우리가 내면적

• 자신의 성공이 노력이 아니라 순전히 운으로 얻어졌다고 생각하고 지금껏 주변 사람들을 속여왔다고 생각하면서 불안해하는 심리

장애물이나 우리가 사랑하는 사람들의 반응에 관련해 깊이 파고드는 것을 피하기 때문입니다. 하지만 상황을 관찰하고, 왜 계획들이 자주 중단되고 보류되는지, 우리가 어떻게 에너지를 분산하는지, 죄책감과 두려움이 얼마나 많이 개입하는지를 이해하는 것은 대단히 유용합니다.

가브리엘 외팅겐은 《무한긍정의 덫Rethinking Positive Thinking》에서 이렇게 썼습니다. "장애물은 행동, 감정, 강박적인 생각, 충동, 나쁜 습관, 가정 또는 어리석고 쓸데없는 태도일 수 있습니다. 때로는 당신의 내면적 장벽을 진정으로 이해하고 당신의 행동과 반응이 얼마나 건설적이지 못한지를 깨닫기 위해 인내심이 조금 더 필요합니다. 처음에는 이 과정을 진행하는 것이 어려울 수 있습니다. 우리는 대체로 스스로를 솔직하게 바라보는 것을 꺼리기 때문입니다. 많은 경우에, 당신은 결코 생각하거나 알지 못한 스스로에 대한 무언가를 발견하게 될 것입니다. 이런 방식으로 당신은 독일어로 Durchblick(통찰)이라고 부르는 것에 도달하게 될 것입니다. 당신의 소망이나 걱정, 그리고 삶의 여러 측면에 대한 보다 명확하고 통합적인 시야를 갖게 되는 것입니다."

계획Plan

계획은 피터 골비처의 연구와 관련이 있으며 '만약 _____면 어떻게 하겠다'라는 가상의 공식을 세우는 것입니다. 만약 특정한 장애물이 나타난다면 어떠한 조치를 취하겠다는 것이죠. 당연한 말처럼 들리지만 골비처의 연구는 우리가 이 공식을 실제로 사용하지 않는다는 것을 증명했습니다. 우리는 장애물을 바라보기를 피하고, 장애물을 인식하더라도 막상 실제 상황이 됐을 때 어떻게 대응할 것인지를 계획하지 않는다는 것입니다.

간단히 말해, 발생 가능한 내외부의 장애물들을 나열해 적고, 그런 장애물이 나타날 경우 어떻게 행동할지를 생각해봐야 합니다. X라는 상황이 생기면 Y라는 대응을 하겠다는 식으로 말입니다.

'나는 어려움에 무너지지 않을 것이다'와 같이 스스로에게 다짐을 하라는 것이 아닙니다. 그런 말은 구체적이지도, 솔직하지도 않기 때문입니다. 지금까지 어떤 일을 해내는 데 어려움을 겪어왔다면, 막 포기하려고 하는 때에 힘을 내겠다는 글을 쓰는 것은 새로운 전략이 아니라 백일몽일 것입니다.

어떻게 장애물을 극복해나갈지를 계획하려면 스스로에게 솔직해야 하며, 정말로 언제 자신이 그만두고 싶어 할지를 예상해야 합니다. WOOP는 이런 점에서 우리를 돕습니다. 검열이나 다짐 없이, 그리고 우리가 원하는 것이 복잡한 경우 쉽게 벗어날 수 있는 출구 대신 우리가 실현하고 싶어 하는 것에 대해 좀 더 솔직하고 복합적인 비전을 가질 수 있도록 하지요. 계획을 이상화하지는 마세요. 당신의 특성과 과거 경험에 비추어 실제로 효과가 있을 것이 무엇인지 이해하려고 노력하세요. 이는 자신을 이해하는 데에도 도움이 됩니다. 어쩌면 당신은 계획하는 것은 좋아하지만, 그 계획을 실제 행동으로 옮기는 데는 매번 타이밍을 놓치는 사람인지도 모릅니다. 그렇다면 이 단계에서 그것을 인정하는 것이 아주 중요합니다.

계획하기는 당신이 솔직해지는 것을 돕고, 당신이 중요하게 생각하는 어떤 일을 할 때 반복적으로 일어나는 문제와 위기(예를 들면 걱정과 해내지 못할 거라는 두려움)를 파악할 수 있게 도우며, 기회를 붙잡는 것을 돕습니다.

계획하는 법을 배우는 것이 왜 중요할까요? 상황을 통제하기 위함이나 당신의 가치가 당신이 하는 일과 연관되어 있기 때문이 아닙니다. 계획들은 경험을 돌아보게 해주고 당신의 개인적 여정의 정거장들을 표시하기 때문입니다.

계획, 자기 이해의 시작

외팅겐 교수는 WOOP를 마음속으로 하거나, 글로 쓰는 경우에는 몇 단어만을 사용할 것을 권장합니다. 우리는 그 대신 WOOP를 당신의 개화 다이어리에 작성하라고 제안합니다. 네 가지 요소(소망, 결과, 장애물, 계획)를 적어 넣고, 필요한 모든 시간을 할애하여 각 요소를 어떻게 표현할지를 고심해보세요. 그렇게 하는 동안 당신에게 얼마나 많은 감정이 유발되는지, 또는 당신이 실제로 얼마나 무관심한지를 깨달을 것입니다.

일단 소망이 명확해지면 결과로, 그다음은 장애물, 그다음은 계획으로 옮겨가세요. 서두르지 말고, 시계를 보지 말고 그 순간에 최대한 집중하세요. 어떤 프로젝트를 시작하기 전이나 사업 계획, 표, 문서를 짜기 전, 지금 하려는 일이 필요한 모든 노력을 기울일 만한 가치가 있는 것인지, 그것을 이루면 당신의 인생에 어떤 일이 일어날지를 이해하기 위해 WOOP를 해볼 수 있습니다. 이를 위해서는 주의력과 내러티브 정신이 필요합니다. 왜냐하면 구체적인 장애물을 예상하고 감정적 저항을 다스리면서, 당신이 시작하려는 일이 당신에게 적합하지 않은 프로젝트라는 것을 인정해야 할 수도 있기 때문입니다.

실제로 이 연습을 수행할 때 당신이 무엇을 발견하게 될지는 결코 알 수 없지만 어떤 프로젝트를 시작하려 준비하는 사람들이 거의 마주하지 못하는 몇몇 측면을 밝힐 것은 기대해볼 수 있습니다.

처음에는 당신이 앞으로 몇 달 안에 이루고 싶은 가장 중요한 소망에 대해 WOOP를 하기를 권장합니다. 그런 다음 이 기간의 다른 네 가지 소망을 택해 이 연습을 다시 하는 것입니다. 각각의 소망에 대해 매번 모든 요소를 나열하며 구체적인 WOOP를 만들어야 합니다. 이렇게 함으로써 이 순간 당신의 우선순위가 무엇인지, 당신이 진정으로 헌신해도 좋을 일이 무엇인지 이해하는 데 많은 도움이 될 것이며, 동시에 여러 개의 프로젝트를 진행하느라 하나의 프로젝트도 완료해내지 못하는 일을 피할 수 있을 것입니다.

6 또는 9. 숫자 6과 9의 모양은 완전히 똑같습니다. 이 숫자들의 가치를 인식하는 능력은 우리가 그것을 보는 위치에 달려 있습니다. 6 또는 9가 바른 방향으로

있는 것만으로는 충분하지 않습니다. 당신이 바른 방향에 있어야 합니다. 6이 바로 서 있어도 당신이 물구나무를 선다면 9로 보일 테니까요. 물리학자 카를로 로벨리가 잘 설명했듯, 현실은 거대한 관계망이며 모든 존재는 이 망에 임시로 얽힌 매듭에 불과합니다. 양자물리학이 우리에게 가르쳐준 것처럼 모든 것은 고정되어 영원히 확정된 것이 아니라 다른 것과의 관계 속에서 계속 변화합니다. 절대적인 것, 보편적인 것은 존재하지 않아요. 현실에 대한 어떠한 관점도 한 부분에 불과하지요.

이제 우리는 당신에게 9장으로 가라고 권하겠습니다. 아니면 6장으로 갈 수도 있겠지요. 자, 어떤 선택을 하겠습니까?

12장

자기애가 덫이 되지 않으려면

자의식 다루기

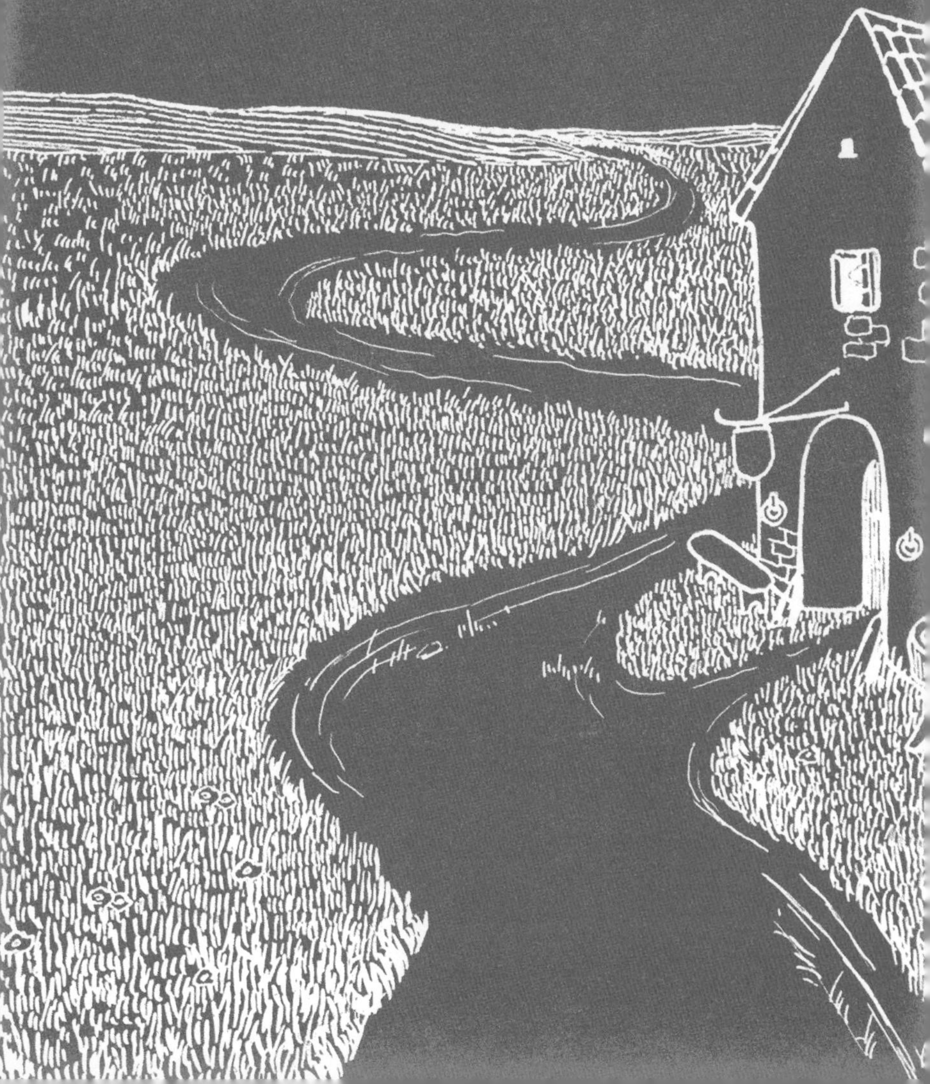

어느덧 마지막 장입니다. 이 책의 페이지가 끝나기 전에 우리는 어쩌면 당신에게 생길지 모를 위험을 얘기해주고 이것을 막아야 할 의무가 있습니다. 당신이 자신의 내면을 들여다보고, 자신을 관찰하고, 이해하고, 시험함으로써 지나친 자기애를 갖게 되는 것 말입니다. 쉽게 말하자면, 자신을 아는 것이 자신을 돌보는 것보다 더 우선시되는 경우이지요.

큰 문제는 아닙니다. 생리학적 단계이니 말입니다. 하지만 이 단계에 오래 머무르면 안 됩니다. 철학의 초학자들 대부분이 이 단계에서 멈추고 자기애의 함정에 빠지곤 했지요.

카를로스 카스타네다가 이야기한 자기애의 개념을 받아들여봅시다. 그의 철학 스승인 돈 후앙은 책《내부로부터의 불The Fire from Within》에서 자기애의 양면성을 설명했습니다. 자기애는 우리 내면의 가치가 있는 모든 것을 압축하고, 다른 한편으로는 부정한 모든 것을 압축합니다. 그러니까 자기애는 우리 내면의 좋은 것과 나쁜 것을 모두 모은 핵인 것입니다. 그게 어떻게 가능할까요? 그것은 우리에게 있는 잠재력, 즉 우리를 능가하는 무언가가 우리 안에 있다는 느낌과 관련이 있습니다. 하지만 이런 느낌은 자신을 향한 집착의 근원이 되며, 자신 안에 놀라움이 있다는 사실과 자신이 놀라운 사람이라는 생각을 혼동하게 만듭니다.

지나친 자기애를 경계할 것

당신은 스스로에게 너무 많은 중요성을 부여합니다. 이 책도 당신에게 유용할 무언가를 얻을 수 있으리라는 기대심에서 거의 다 읽은 것이죠. 당신이 자신에게 부여하는 어떤 큰 가치 때문입니다. 문제는 자기애가 당신으로 하여금 새로운 관심을 찾도록 부추기고 점점 더 그런 관심에 의존하게 만든다는 것입니다. 관심은 받을수록 더 많은 관심을 갈구하게 됩니다. 당신 자신의 관심만큼이나 타인의 관심도 갈구하니까요. 당신 자신보다도 다른 사람들이 좋아하는 당신의 이미지를 만들고 쌓는 데 시간을 낭비하고, 그런 이미지로부터 당신은 옴짝달싹할 수 없다고 느낍니다. 그리고 이런 지나친 자기애 때문에 다른 사람들이 당신을 조금이라도 비판하면 모욕을 당한 느낌이 들곤 합니다.

자기애의 무게는 사실 끔찍한 장애물입니다. 중요한 사람이 되려고 너무 애쓸 필요 없습니다. 다른 사람들의 좋은 평가를 받으려고 안달하지 마세요. 착한 사람 콤플렉스에서 벗어나야 합니다.

자기애를 내려놓는 것은 모든 시대의 선구자들이 추구하고 구도의 방법이라고 인정한 전략입니다.

턴기반turn-based 전략 RPG 비디오 게임과 롤플레잉 게임에서 특수 동작을 수행하는 능력은 대개 특정 지표들과 연관되어 있습니다. 가장 흔한 것은 마나 바mana bar 또는 마법 바magic bar라고 불리는 것으로, 캐릭터의 마법력 수치를 표시하기 위해 사용됩니다. 외부의 충격에 얼마나 버틸 수 있는지를 나타내는 생명력 바나 생명 에너지 바와는 다릅니다. 자기애는 인생이라는 게임 속 자신의 차례 동안 마나 바를 거의 완전히 포화 상태로 만듭니다. 스스로의 가치를 깨닫지 않았다면 이 여정을 시작하지도 않았을 것이기에, 자기애는 여정의 활성제로서 꼭 필요한 것이지만, 게임 과정에서는 미지의 것을 마주하기 위해 마나 에너지를 해방하여 자기애를 내려놓는 법을 배워야 합니다.

다른 행동으로 생각의 방향 바꾸기

의도적으로 바보 같은 실수, 관습에서 벗어난 행동을 하는 데 시간을 쓰세요. 왼손을 사용해 밥 먹기, 갈지자걸음으로 걸어보기, 얼굴에 초콜릿 자국을 묻히거나 다른 짝의 신발을 신고 돌아다니기, 물에 빠지기, 거리에서 큰 소리로 노래하기, 지하철 안에서 낯선 사람에게 말 걸어보기, 잠옷을 입고 장보기 등의 것 말입니다. 이런 행동을 하면 추하다고 손가락질을 받게 될지도 모릅니다. 추한 모습이라는 건 잘 생각해보면 당신이 살고 있는 사회에 어울리지 않는 것으로 간주되는 행동에 불과합니다. 고정관념을 깨는 행동을 시도해보고 다이어리에 그 경험을 기록하고 어땠는지를 이야기해보세요. 그리고 당신의 모험들을 때때로 다시 펼쳐 읽어보세요. 당신이 한 행동이 일상에서 벗어난 부적절한 것임을 인식하는 것이 중요합니다.

당신의 외적 이미지를 타인에게, 또 스스로에게 확실히 보여주기 위해 당신은 아주 많은 에너지를 씁니다. 그런 에너지를 아끼는 법을 배운다면 큰 힘이 될 것입니다. 목적은 다른 사람을 동요하게 하는 게 아니라 당신을 동요하게 하는 것이어야 합니다. 세상에 무언가를 보여줘야 한다는 부담을 느낄 필요가 없습니다. 대신 당신이 작동하는 방식, 당신의 자기애를 관찰하는 연습을 해야 합니다. 스스로를 낮출 필요는 없습니다. 대신, 당신을 발견해야 합니다. 당신이 세상을 사는 관점을 언제든 당신의 마음 내키는 대로 바꾸는 법을 배우세요.

의식적으로 관습에서 벗어난 행동을 해보는 짜릿함은 사라지고 작위적인 느낌이 든다면 이 연습을 중단하세요.

장벽을 부숴야 보인다

다른 사람들과 똑같이 행동하도록 만드는 보이지 않는 장벽을 끊임없이 부수어나가세요. 의식적으로 행동을 바꾸는 법을 배워야 합니다. 구르지예프의 할머니는 죽음을 앞두고 구르지예프에게 이렇게 조언을 했습니다. "인생에서 다른 사람들이 하는 일은 절대 하지 말거라." 이 조언을 당신의 것으로 만드세요.

당신의 행동이 의식적으로 일상적인 습관에서 벗어날 때, 당신에게 평소와는 다른 현상이 생길 겁니다. 그것은 많은 선원들이 긴 항해를 마치고 육지로 돌아올 때 이야기하는 느낌과 비슷한 것입니다. 답답함이 해소되고 더욱 자유로워진, 일종의 해방감이지요. 의식적으로 행동을 바꾸기 위해서는, 즉 다른 존재가 되기 위해서는 당신의 미적 감각을 만족시켜야 합니다. 이상한 일을 하는 것만으로는 충분하지 않습니다.

이상한 일을 잘해야 합니다.

이것이 이 책의 마지막 결론은 아닙니다.

당신이 철학과 동행하는 걸 돕기 위한 여행의 마지막 분기점일 뿐입니다.

결론은 사실 당신이 이미 읽은 첫 번째 페이지랍니다. '목적'이라는 제목이 우연히 붙은 것이 아니지요.

책 읽기를 마치려면 그 페이지로 다시 돌아가세요.

여행을 시작할 때와는 분명 아주 다르게 읽힐 것입니다.

모든 삶은 빛난다

초판 1쇄 발행 2022년 12월 20일

지은이 안드레아 콜라메디치
마우라 간치타노
옮긴이 최보민

펴낸이 김진규
책임편집 또박편집공작소
디자인 손주영
경영지원 정동윤

펴낸곳 (주)시프 | 출판등록 2021년 2월 15일(제2021-000035호)
주소 경기도 고양시 덕양구 권율대로668 티오피클래식 209-2호
전화 070-7576-1412
팩스 0303-3448-3388
이메일 seepbooks@naver.com

ISBN 979-11-92421-14-8 03100